EURÊKA!

LES GRANDES INVENTIONS

EURÊKA!

LES GRANDES INVENTIONS

RICHARD PLATT

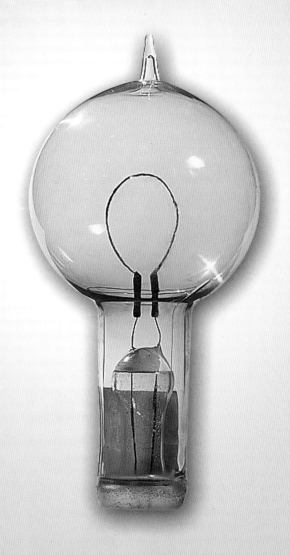

 Héritage jeunesse

Préface

Nous vivons une époque de découvertes et d'inventions sans précédent. Les scientifiques ont séquencé le génome humain ; des animaux, du mouton au chat, ont été clonés ; le réseau Internet a changé notre façon de travailler, d'enseigner et de gérer nos affaires ; des avancées majeures en biologie, en chimie et en physique ont bouleversé la médecine. Les nouvelles technologies, comme les superconducteurs, les ordinateurs quantiques et la nanotechnologie, nous fourniront des outils pour faire les prochains progrès scientifiques.

Les inventions et découvertes détaillées dans ce livre ont une chose en commun : elles ont toutes été faites par des personnes qui, selon les mots d'Albert Szent-Györgyi (Prix Nobel de Médecine en 1937), sont capables de voir ce que tout le monde voit, mais surtout de penser à des choses auxquelles personne d'autre n'avait pensé !

Quelques découvertes sont le fruit d'un heureux concours de circonstances, voire même d'incidents – celle des antibiotiques est sans doute le meilleur exemple –, mais d'autres sont au contraire le résultat de longues années de travail acharné. Ma propre découverte, celle d'un gène qui nous permet de mieux comprendre comment se multiplient les cellules, en particulier les cellules cancéreuses, illustre ce processus : beaucoup de réflexion, beaucoup de travail, beaucoup d'échecs, et au final, si on a de la chance, l'ultime moment, celui de l'aboutissement et de la découverte. L'instant même de la découverte est très excitant et très riche en émotions. Mais il est tellement court qu'il en devient presque frustrant !

Une découverte n'a pas forcément une répercussion importante et immédiate sur la société. Il peut même s'écouler plusieurs années avant qu'on en mesure tout l'intérêt. Dans mon champ de recherches par exemple, la biologie du cancer, la plupart des avancées publiées chaque mois apportent chacune une petite pierre à l'édifice de la connaissance, mais il faut des années pour qu'elles finissent par donner naissance à un progrès majeur.

Les découvertes présentées dans ce livre illustrent l'impact de la science sur l'évolution de notre société. Elles sont importantes parce qu'elles sont sources de progrès mais elles peuvent aussi avoir de grandes conséquences sur le plan moral et éthique. Les progrès dans le domaine de la génétique, par exemple, ont permis de mettre au point de précieux outils pour diagnostiquer ou prévenir de graves maladies. Mais sans cadre légal, l'utilisation de ces mêmes outils peut conduire à des abus inacceptables. Les tentatives, réelles ou prétendues, de cloner l'être humain en sont un exemple frappant.

Paul Nurse

Sir Paul Nurse,
Prix Nobel de Médecine 2001,
Directeur général adjoint du Cancer Research UK

Première publication de cet ouvrage en 2003 sous le titre
Eurêka ! Great inventors and their brilliant brainwaves
chez Kingfisher Publications Plc, Londres.
Édition : Melissa Fairley
Conception graphique : Mark Bristow
Copyright © Kingfisher Publications plc 2003
Texte © Richard Platt 2003

Édition française
© 2004 NATHAN
Adaptation française : Patrick Pasques
Édition : Véronique Herbold et Stéphanie Dantan
Réalisation : Italiques

Pour la Canada
© Les éditions Héritage inc. 2005
ISBN : 2-7625-2429-6
Dépôt légal: septembre 2004
Imprimé en Chine

Sommaire

Introduction

Il est facile d'imaginer l'excitation et aussi le soulagement ressentis par un scientifique ou un ingénieur lorsqu'il découvre soudain la solution au problème qui le hante parfois depuis des années. Ce déclic, cette étincelle qui jaillit, est symbolisé par le fameux « Eurêka » crié par Archimède (287-212 av. J.-C.) lorsqu'il a découvert certaines lois physiques en prenant son bain. Cette anecdote sur Archimède a également le mérite de montrer combien il est parfois difficile de démêler le vrai du faux dans l'histoire des découvertes et des inventions !

Le roi de Syracuse Hiéron II avait demandé à un orfèvre de faire une couronne et lui avait donné l'or nécessaire à sa réalisation. Quand le travail fut fini, la couronne pesait le même poids que la quantité d'or fourni. Malgré cela, le roi suspecta l'orfèvre d'avoir discrètement remplacé une partie de l'or par de l'argent. Il demanda alors à Archimède de prouver cette fraude ; faute de quoi, il serait mis à mort !

Plongé dans son bain, Archimède réfléchissait à ce problème. Il réalisa soudain qu'un corps plongé dans l'eau déplace un volume de liquide égal à son propre volume.

! EURÊKA ! Archimède venait de trouver le moyen de tester l'honnêteté de l'orfèvre. Si la couronne était entièrement en or, elle devait déplacer le même volume d'eau qu'un lingot d'or de même poids. En revanche, si l'orfèvre avait introduit dans la couronne de l'argent, métal plus léger que l'or, il avait forcément dû mettre plus d'argent qu'il n'avait retiré d'or ; plongée dans un bain, cette couronne falsifiée déplacerait donc un volume d'eau supérieur à celui du lingot.

Alors qu'on le félicitait chaleureusement pour sa découverte, Louis Daguerre (pages 56-57) répliqua : « vous ne devez jamais oublier que cette découverte est survenue après onze années d'expériences décourageantes qui ont accaparé mon esprit. »

Le test fut réalisé et le roi eut la preuve que de l'argent avait bien été mélangé à l'or. Archimède eut la vie sauve !

L'anecdote a été rapportée par l'architecte romain Vitruve près de deux siècles plus tard.

Archimède a également fait des découvertes en mathématiques (calcul du nombre pi...) et en physique (poulies et leviers...).

Masura Ibuka, directeur de Sony, n'a pas vraiment inventé le baladeur. Il en a eu l'idée et a confié la réalisation des premiers prototypes aux ingénieurs de son entreprise (pages 86-87).

Les frères Wilbur et Orville Wright (pages 48-49) ont eu un éclair de génie : ils ont su comment faire voler un   plus lourd que l'air. Mais plusieurs années se sont écoulées avant que Wilbur ne réalise le premier vol historique !

Malheureusement, elle soulève quelques objections. Un calcul très simple montre que la différence de volume d'eau déplacé entre la couronne falsifiée et un lingot d'or de même poids devait être particulièrement faible. Si faible qu'Archimède n'aurait pas pu la mesurer avec les instruments de l'époque, suivant la technique décrite par Vitruve ! On ne saura sans doute jamais le fin mot de cette histoire : Archimède a-t-il vraiment découvert la supercherie, ou a-t-il utilisé une autre méthode que celle rapportée par Vitruve ? Mystère…

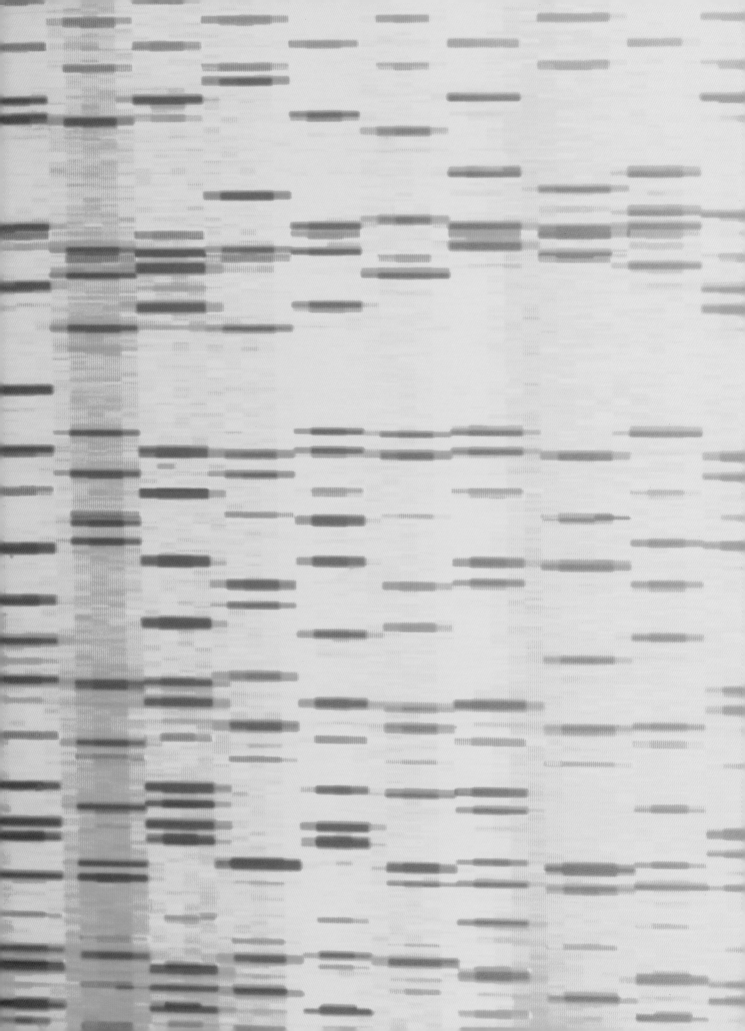

Les grandes découvertes de la science

Parmi toutes les inventions et les découvertes faites par l'homme, certaines ont permis aux sciences fondamentales, comme la physique, de mieux comprendre le monde dans lequel nous vivons. D'autres ont abouti à des progrès médicaux qui nous rendent capable de mieux lutter contre les maladies. D'autres, enfin, ont conduit à la création de machines qui nous facilitent la vie.

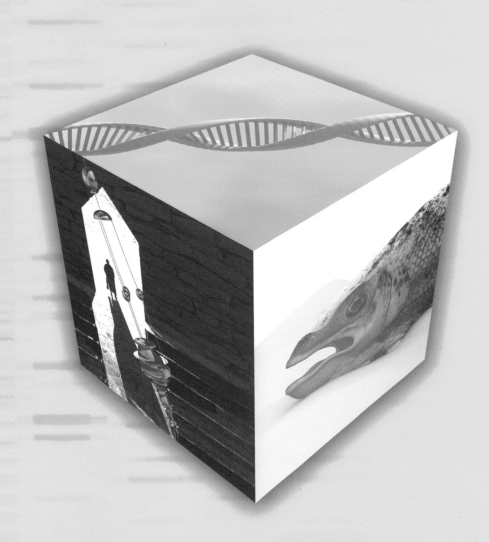

Le pendule

Galilée, Galileo Galilei de son vrai nom, fut un scientifique remarquable et persécuté. On lui doit un grand nombre d'expériences et d'observations déterminantes dans les domaines de la physique et de l'astronomie. Il est également le précurseur d'une invention fondamentale : l'horloge qui donne l'heure exacte !

Physicien et astronome

Galilée est né à Pise en 1564. En 1581, il entre à l'université de cette même ville pour y suivre des études de médecine. Mais, bien vite, il s'oriente vers les mathématiques et s'intéresse tout particulièrement à la description des objets en mouvement.

C'est lui, par exemple, qui a découvert, en jetant divers objets du haut de la fameuse tour penchée, que le temps de chute était indépendant du poids. On lui doit aussi les premières observations à l'aide d'une lunette astronomique (pages 54-55). À la fin de sa vie, il fut condamné comme hérétique pour avoir affirmé que la Terre tournait… Ce qui ne l'a pas empêché de continuer ses recherches !

Un encensoir qui se balance…

Le pendule, une boule attachée à une ficelle, est un objet simple, mais passionnant pour les physiciens. Un jour que Galilée assiste à un office religieux, il remarque un encensoir qui se balance sous la voûte de la cathédrale, descendant, puis remontant…

! EURÊKA ! Galilée mesure la durée des oscillations
avec… son pouls ! Il a comme une illumination en ce lieu saint : le poids de l'encensoir n'a aucune influence sur la durée des oscillations, seule la longueur du système de suspension est déterminante !

Galilée a suggéré d'utiliser la vitesse d'oscillation constante d'un pendule pour faire des horloges plus précises. Son fils, Vincenzo, a tenté d'en fabriquer une (celle qui est illustrée ici), mais il ne vécut pas assez longtemps pour la mettre au point. Cette horloge indiquait uniquement les heures.

Il existe plusieurs versions de la découverte des propriétés du pendule par Galilée. Pour les uns, c'est en observant le balancement d'un encensoir, pour d'autres ce serait en observant un chandelier. Ce qui est sûr, c'est que le « pendule » en question était suspendu dans la cathédrale de Pise !

Le mouvement du pendule

Galilée réalise ensuite plusieurs expériences avec des pendules qui diffèrent par la longueur du fil ou le poids de la sphère. Il établit qu'un fil deux fois plus long multiplie par quatre la durée des oscillations et découvre ainsi une formule fondamentale décrivant ces oscillations.

Il y a pendule... et pendules

Les oscillations d'un pendule sont remarquablement constantes tant que les frottements de l'air et du système d'accrochage ne viennent pas stopper sa course. Vers la fin de sa vie, Galilée eut l'idée d'utiliser cette propriété pour aider les horloges à être à l'heure. Quand il devint aveugle, son fils Vincenzo (1606-1649) se chargea de la conception, mais sans réussir. C'est finalement le Hollandais Christiaan Huygens (1629-1695) qui réalisera la première horloge à balancier en 1656. En raison de leur mode de fonctionnement, ces horloges sont parfois appelées pendules !

Pour être sûr que Big Ben, l'horloge du Parlement de Londres marque la bonne heure, ses concepteurs l'ont dotée d'un pendule de 4 m de long. Le mécanisme est prévu pour garder sa régularité en toutes circonstances, même quand des pigeons se posent sur les aiguilles.

La théorie de la gravité

Prenez un objet dans la main et lâchez-le... Il tombe sur le sol. C'est vraiment banal, oui, mais l'explication l'est beaucoup moins. Un objet tombe parce que la Terre exerce sur lui une force d'attraction appelée gravité. Cette force qui conditionne aussi la trajectoire de tous les corps célestes a été découverte par le savant britannique Isaac Newton en 1665.

La variété de pomme qui a heurté la tête de Newton pousse toujours dans les vergers de Grande-Bretagne.

Un génie hors du temps

Élevé par sa grand-mère, Isaac Newton (1642-1727) montre très tôt des dons exceptionnels pour inventer de petites machines. Son goût pour les sciences ne fera que s'affirmer avec l'âge. Il suit des études à l'université de Cambridge où il obtient son diplôme de bachelier ès arts en 1665. Cette même année, la peste surgit à Cambridge, et Newton doit suspendre ses études pendant deux ans. Il en profitera pour réaliser quelques-unes de ses plus grandes découvertes !

! EURÊKA !

Newton méditait un jour dans son jardin lorsque soudain une pomme tomba. «Pourquoi cette pomme tombe-t-elle, pourquoi ne s'envole-t-elle pas en se décrochant de l'arbre ? » se demanda-t-il. Il supposa qu'une force invisible l'attirait vers le sol. À cette force, il donna le nom de gravité et généralisa son action: la gravité attire tous les objets, hommes compris, vers le centre de la Terre.

De la pomme au système solaire

Cette histoire de pomme est peut-être une légende, mais le concept de gravité élaboré par Newton s'est avéré juste et d'une portée universelle. Il a montré comment les objets, gros ou petits, s'attirent les uns les autres et a permis d'expliquer le déplacement dans le ciel du Soleil, de la Lune, de la Terre...).

Sans la force de gravité exercée par la Terre, la Lune continuerait sa course droit devant elle à travers l'espace. La Terre et la Lune exercent l'une sur l'autre de puissantes forces gravitationnelles, qui provoquent aussi les marées.

De Newton à Einstein…

La théorie de Newton donnait de bonnes indications, mais se révéla par la suite insuffisante. Notamment pour les objets très massifs dont la vitesse de déplacement est proche de celle de la lumière… C'est un autre génie, Albert Einstein, qui comblera cette lacune.

De nos jours, on mesure la gravité à l'aide d'un pendule de torsion. En approchant des boules très massives de celles du pendule, ce dernier se tord légèrement, ce qui permet de calculer la force d'attraction, puis d'en déduire la constante universelle de gravité.

Isaac Newton est assis au pied d'un pommier dans le jardin de son manoir de Woolsthorpe dans le Lincolnshire en Grande-Bretagne. Selon la légende, c'est une pomme tombée sur son crâne qui lui aurait inspiré sa théorie. Mais, ce détail a sans doute été rajouté par quelque conteur pour rendre l'histoire plus attrayante .

L'égreneuse de coton

Alors qu'il séjourne dans une plantation de coton, Eli Whitney regarde les esclaves s'affairer sur les balles pour en ôter les graines gluantes. Il imagine alors une machine qui faciliterait ce travail fastidieux, tout en augmentant les rendements. Sa machine va bientôt enrichir l'Amérique, en particulier les États esclavagistes du Sud.

Qui était Eli Whitney?

Eli Whitney (1765-1825) est le fils d'un fermier. Dès son plus jeune âge, il se montre très inventif et doté d'un solide sens des affaires: à 14 ans, il vend des clous qu'il fait lui-même dans la forge familiale. Après avoir suivi des études de droit et de sciences à l'université de Yale, il se rend dans le Sud pour devenir précepteur.

! EURÊKA ! L'inspiration vient à Whitney soudainement. Il met au point un dispositif avec un tambour entraînant le coton vers un peigne suffisamment fin pour bloquer les graines, mais assez large pour laisser passer les fibres. Aussitôt, il se met au travail pour construire sa machine à égrener le coton et en 1793, il dépose le brevet de son invention.

Différentes variétés de coton

Dans le domaine de Catherine Greene en Géorgie, où Whitney exerce ses talents de précepteur, le coton comporte des fibres très courtes, si bien que le travail d'égrenage est très long. Dans les régions situées près des côtes, le coton a des fibres plus longues qui rendent le processus plus facile. Pour cette raison, l'entreprise de Catherine Greene a du mal à être compétitive, même en employant des esclaves comme main-d'œuvre.

Qui est l'inventeur ?

Selon certains historiens, la machine aurait été inventée et mise au point par Catherine Greene elle-même. Mais, ne pouvant déposer le brevet, elle aurait demandé à Whitney de le faire à sa place. Selon une autre version, elle lui aurait remis les plans et il aurait développé seul le projet. D'autres pensent que Whitney a réellement inventé la machine mais que Catherine Greene aurait apporté une contribution importante, tant sur le plan des idées que sur celui des finances. On ne saura sans doute jamais la réalité…

La machine à égrener de Whitney est composée d'un large cylindre en bois comportant des cercles de pointes. Le cylindre est mis en rotation par une manivelle. Les fibres de coton sont alors entraînées par un peigne, puis sont débarrassées de leurs graines. Pendant le cardage, des brosses plaquent le coton contre les pointes et un système de courroies fait tourner les différents éléments à la bonne vitesse.

Le coton est toujours cultivé dans le Sud des États-Unis. Mais les planteurs disposent de machines beaucoup plus puissantes et plus sophistiquées que celle inventée par Whitney. Aujourd'hui, les ouvriers agricoles sont évidemment payés pour leur travail.

La machine à égrener

Toujours est-il que cette machine à égrener le coton va être très rapidement adoptée et utilisée dans tout le Sud. Adoptée, mais surtout illégalement copiée par de nombreux fermiers qui, grâce à elle, vont devenir riches, tout en ignorant superbement les brevets de Whitney. Ce dernier ne s'enrichira guère avec son invention, mais il se lancera, avec un certain succès, dans le commerce des armes. Pendant ce temps, les fermiers avides continuent de faire venir par bateaux entiers des esclaves africains pour déboiser, cultiver les champs de coton et faire tourner la machine de Whitney. Fort heureusement, la guerre de Sécession mettra un terme à cette sombre période des États-Unis et se concluera par l'abolition de l'esclavage.

La vaccination

La vaccination est un moyen efficace pour éviter d'attraper des maladies, mais également pour éviter de les transmettre aux autres. Si, dans les pays développés, on oublie parfois l'importance de cette prévention, dans les pays du Tiers-monde, on constate que son insuffisance permet aux épidémies de faire des ravages.

Edward Jenner (1749-1823) est né dans le village de Berkeley en Grande-Bretagne. Il a suivi ses études de médecine à Londres, avant de revenir chez lui pour s'installer comme médecin de campagne.

Premières vaccinations

Depuis l'Antiquité, les hommes ont constaté qu'une résistance pouvait être acquise contre les maladies. Ils avaient remarqué, par exemple, que la peste ne touchait jamais deux fois la même personne. Ils pratiquaient également des formes rustiques de vaccination. Dans les pays du golfe Persique, des préparations permettaient de protéger contre la leishmaniose, une grave maladie parasitaire. Dès le xe siècle, les Chinois vaccinaient contre la variole en introduisant dans la narine d'un enfant, un fragment de croûte de vésicule provenant d'un malade.

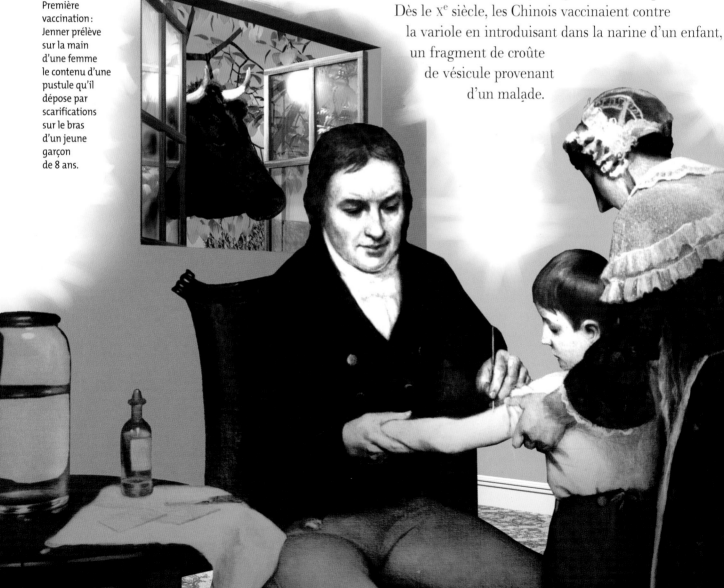

Première vaccination : Jenner prélève sur la main d'une femme le contenu d'une pustule qu'il dépose par scarifications sur le bras d'un jeune garçon de 8 ans.

Vaccinations en Europe

Cette pratique sera connue en Europe au XVIe siècle mais sans être véritablement utilisée. Au début du XVIIIe siècle, Lady Mary Montague, la femme de l'ambassadeur de Grande-Bretagne à Constantinople, a essayé de convaincre les médecins de l'intérêt de cette technique, mais aucun ne l'a écoutée ! Les premières vaccinations seront pratiquées un peu plus tard, grâce à Edward Jenner.

EURÊKA ! Edward Jenner (1749-1823) est un médecin de campagne. Observateur attentif et à l'écoute de ses patients, il constate que les fermiers ayant contracté la variole de la vache n'étaient jamais atteints par la variole humaine. À cet instant, il a une idée : ne suffirait-il pas de provoquer artificiellement la variole de la vache chez les hommes sains pour les protéger définitivement de la variole ? En 1796, il décide de mettre sa théorie à l'épreuve en vaccinant le fils de son jardinier. Quelques jours après la vaccination, le jeune garçon a un peu de fièvre, mais il se rétablit très vite. Sept semaines plus tard, Jenner décide de lui inoculer la variole humaine et, à sa grande satisfaction, ce dernier ne développe pas la maladie.

Lorsqu'on injecte un vaccin, les globules blancs contenus dans le sang apprennent à se défendre contre les microbes provoquant la maladie. Ainsi, ils réagiront plus rapidement et plus fortement lorsque la vraie maladie fera son apparition.

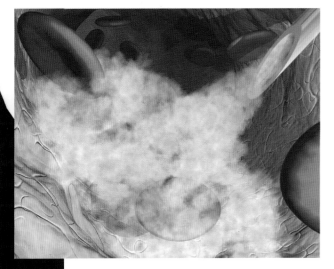

De nos jours, il existe des vaccins contre un grand nombre de maladies : tuberculose, tétanos, poliomyélite, coqueluche, méningite, oreillons, rubéole...

L'ère pastorienne

Malgré ce succès, Jenner aura bien du mal à convaincre la communauté médicale. Mais l'idée de vaccination fait son chemin, surtout après les découvertes de Robert Koch sur la tuberculose et celles de Louis Pasteur (1822-1895). C'est à la suite d'une erreur de manipulation que Pasteur met au point son premier vaccin contre le choléra des poules. Fort de cet enseignement, il développe une technique particulière pour diminuer l'agressivité des microbes afin de provoquer une forme moins grave des maladies. En 1885, il réalise son premier essai sur l'homme : il vaccine un jeune berger, Joseph Meister, contre la rage.

De l'usage des vaccins

Dans la plupart des cas, les vaccins sont administrés par injection, sous la peau, ou directement dans le muscle. Plusieurs injections peuvent être nécessaires pour que le vaccin soit efficace. Généralement de faible intensité, les effets secondaires surviennent assez fréquemment. Des accidents plus graves sont aussi constatés, mais ils sont peu nombreux compte tenu du nombre de vaccinations réalisées.

Les constructions préfabriquées

Le premier bâtiment conçu à partir d'éléments modulables préfabriqués et assemblés sur le lieu de construction fut le Crystal Palace. Ce concept a été imaginé et mis en œuvre par Joseph Paxton. Son « Palais de Cristal », en acier et en verre, fut édifié à Londres pour l'Exposition Universelle de 1851.

Architecte et jardinier

Fils d'un pauvre fermier britannique, Joseph Paxton (1803-1865) est parti très jeune de la demeure familiale pour échapper à la faim et aux sévices. Il a commencé à travailler comme jardinier du domaine d'un riche propriétaire. Il devint rapidement un botaniste cultivé et prit en charge l'entretien des serres.

Une histoire de nénuphar

Un jour, Paxton reçoit un plant de nénuphar géant d'Amérique du Sud. Il le plante dans un bassin dont l'eau est chauffée, à l'intérieur de la serre. Après une période d'adaptation, le végétal reprend sa croissance et bientôt ses feuilles atteignent un mètre cinquante de diamètre ; le fils de Paxton, qui a 7 ans, peut s'asseoir sur une feuille! Le nénuphar grandit encore et Paxton doit construire une nouvelle serre pour lui.

Joseph Paxton est un jardinier et non un ingénieur. Il confie donc tous les calculs techniques à un cabinet d'architectes. Précaution indispensable pour être sûr que chacun des modules, comme cette arche monumentale, pouvait résister aux contraintes.

Après la manifestation, le Crystal Palace sera démonté puis reconstruit à Sydenham, dans la banlieue Sud de Londres. Il sera malheureusement détruit dans un incendie en 1936.

De la serre au palais

Deux ans plus tard, Paxton a l'occasion
de construire un édifice beaucoup plus vaste
dans un parc de Londres pour l'Exposition
universelle. Réalisé avec des architectes,
son projet – un palais de verre de 563 m
de long sur 124 m de large – est retenu.
Des centaines de modules en acier
et de vitres sont assemblés pour donner
naissance à ce prodige architectural.
Pour limiter l'effet de serre inhérent
à ce type de construction vitrée, Paxton
a dû ménager de nombreuses ouvertures.

Le Crystal Palace a été construit
à l'aide de quelques modules de base
produits à grande échelle. Bien que
fabriqués dans différentes usines de Grande-
Bretagne, leurs dimensions standard ont
permis de les assembler parfaitement
après leur livraison sur le site.

! EURÊKA ! Paxton ne sait pas comment construire
ce nouveau bâtiment, compte tenu de ses grandes
dimensions, mais le nénuphar va lui inspirer la solution :
Il a besoin d'éléments rigides et légers pour soutenir
des panneaux de verre, exactement comme le nénuphar dispose
de nervures solides pour soutenir la structure de sa feuille !

La Tour de Paris

Les Expositions universelles suivantes reprendront
ce concept de préfabriqué alors à la pointe du progrès.
C'est ainsi que la Tour Eiffel fut érigée en 1889, sous
les applaudissements et les huées des critiques. Elle devait
être détruite après l'exposition, mais, plus d'un siècle
plus tard, elle est toujours là, et elle symbolise Paris.

Cet immeuble
japonais illustre
le concept
moderne
de préfabriqué,
avec des
modules-salles de
bains prêts à
installer. Le
préfabriqué
réduit les coûts
de l'habitat,
mais s'il se
généralisait, ce
serait au
détriment de
la diversité
architecturale.

Les
corn-flakes

*Si vous mangez des céréales
au petit-déjeuner, c'est grâce à
Will Keith Kellogg. Cet Américain, soucieux
de nutrition, voulait supprimer le bacon
et les saucisses grasses du repas matinal
de ses compatriotes. Il a atteint son but
et l'a même dépassé : depuis plus
de cent ans, flocons d'avoine et « corn-flakes »
sont sur les tables du petit-déjeuner !*

Will Kellogg
a commencé
par faire ses céréales
à la main dans un local
situé derrière sa clinique.
Il utilisait des rouleaux
pour moudre le blé
et le transformer en farine.
Avec un petit four portable,
il réalisait la touche finale
et produisait des pétales
légèrement grillés.

Les deux frères

Les frères Kellogg (1860-1951) sont fils d'un fabricant de
balais. John Harvey, l'aîné, (1852-1943), deviendra
médecin à la clinique de Battle Creek. Le cadet Will
Keith (1860-1951), qui a un solide sens des affaires, en
sera le manager. Ils vont collaborer à la prospérité de ce
lieu, créé par le chef spirituel de leur Église Ellen White.

L'objectif des frères Kellogg
était de changer les habitudes
alimentaires des Américains et de
proposer des aliments plus sains,
tant sur le plan nutritif que spirituel.
Nombre de préparations actuelles à base
de céréales sont malheureusement trop riches
pour être vraiment diététiques !

La clinique de Battle Creek

Ce lieu de remise en forme pour personnes riches et célèbres est fortement imprégné dans sa philosophie de principes religieux où la nourriture, source de péché, joue un rôle central. Pour les frères Kellogg, la viande et l'abondance de chère sont des ennemis jurés. La diététique n'étant pas encore une discipline médicale, John imagine des régimes pour le moins originaux : prise de 26 légers repas par jour, sacs lestés sur l'estomac pour aider la digestion, cure de 7 kg de raisins par jour…

! EURÊKA ! Dans leur laboratoire, les frères Kellogg cherchent de nouvelles préparations à base de céréales. Un jour de 1894, ils cuisent des grains et oublient leur préparation sur le feu. Quand ils reviennent, les grains ont durci, mais ils décident quand même de les écraser entre deux rouleaux. Grillés au four, ils se transforment en délicieux pétales croustillants. Avec du maïs, c'est encore meilleur : les corn-flakes sont nés !

Une entreprise florissante

Les flocons de maïs des frères Kellogg ne sont pas considérés comme de simples aliments : ils sont censés guérir d'un grand nombre de maladies. L'air du temps est aux recettes miracle, et les ventes s'envolent. En 1906, Will Kellogg fonde sa propre entreprise, la *Battle Creek Toasted Corn Flakes Company*, qui prend en 1922 le nom de *Kellogg Company*. En quelques années, il devient l'un des hommes les plus riches des États-Unis.

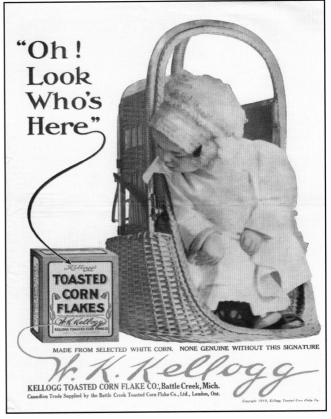

Kellogg, comme toutes les entreprises, doit une partie de son succès, à des slogans judicieusement choisis. Ici « Oh ! regarde qui est là : les corn-flakes grillés ! »

L'aspirateur électrique

*À l'aube du XXᵉ siècle, le ménage est une véritable corvée.
À la maison, balai et pelle sont des ustensiles incontournables.
Les tapis et tentures sont dépoussiérés à l'extérieur, à la force
des bras et à grands coups de tapette. L'invention de l'aspirateur
par Hubert Booth va changer les choses.*

Dans l'air du temps

À cette époque, beaucoup d'inventeurs sont sur la piste d'une machine
à aspirer les poussières. Il se pourrait même qu'elle ait été inventée dès
1865 par un certain Yves Gaffey de Chicago, mais rien n'est sûr. Quand
Hubert Booth dépose son brevet en 1901, il se retrouve rapidement
en procès avec d'autres inventeurs. Toutefois sa machine étant plus
au point que celles de ses concurrents, la justice lui donne
systématiquement gain de cause.

L'ingénieur Hubert Booth a également conçu
des grandes roues pour les parcs d'attractions.
Sur les trois qui ont été construites, une seule,
en Autriche, est encore en service, les deux autres
ayant été détruites. Elle date de 1897, et son
diamètre est de 64 mètres.

! EURÊKA !

Quand Hubert Booth assiste à la démonstration d'une dépoussiéreuse pour rails qui souffle de puissants jets d'air, il lui vient une brillante idée : pourquoi ne pas aspirer, plutôt que de souffler, pour vaincre la poussière ? De retour chez lui, il fait un petit test : il place un mouchoir sur le coussin d'un fauteuil, et aspire de toutes ses forces, bouche contre le mouchoir. Après avoir abondamment toussé pour évacuer les saletés inspirées, il retourne le mouchoir et… ô miracle, une bonne partie des poussières est restée prisonnière. Quelque temps plus tard, il confectionne ce qui allait devenir le premier aspirateur électrique.

Le progrès en marche

Son premier modèle, d'une taille imposante, est bien trop grand pour la maison. À défaut d'aspirateur électrique, les ménagères pouvaient se servir du balai à brosse rotative de Melville Bissel, dont un modèle dérivé est encore en vente de nos jours, ou encore un aspirateur à main et à soufflet. L'aspirateur de Booth sera utilisé par des entreprises de nettoyage à domicile. Parmi les premiers contrats : passer l'aspirateur sur l'immense tapis bleu de l'abbaye de Westminster à Londres avant le couronnement d'Édouard VII en 1901. Sept ans plus tard, un bricoleur allergique à la poussière, James Spangler, conçoit un appareil beaucoup plus petit, en forme de balai et disposant d'une taie d'oreiller en guise de récupérateur de poussière. Il en vend quelques-uns, puis s'associe à un certain William Hoover. Ce dernier va, à la tête de son entreprise, assurer l'essor de cet appareil, devenu incontournable.

L'un des derniers perfectionnements en matière d'aspirateur est la disparition du sac collecteur de poussières. Un ingénieux système de circulation d'air dépose les éléments aspirés dans un réservoir que l'on vide directement dans la poubelle lorsqu'il est plein. L'avantage de ce système est que la puissance d'aspiration reste constante quel que soit le degré de remplissage du réservoir.

L'aspirateur de Booth n'était pas du genre portable, mais plutôt du type carriole tirée par un cheval. Les employés des entreprises de nettoyage passaient donc de maison en maison, garaient leur aspirateur devant l'entrée et branchaient de longs tuyaux avant de commencer le ménage. Cette méthode était source de nombreux mécontentements : la carriole bloquait le passage dans la rue, et le bruit infernal du moteur effrayait les chevaux !

Et après…

L'aspirateur devient rapidement un objet familier dans la maison. Deux grands types de modèles se partagent le marché, l'aspirateur-traîneau et l'aspirateur-balai, chacun d'eux ayant ses inconditionnels. En 1993, une innovation marquante fait son apparition : le sac à poussière disparaît au profit d'un simple réservoir escamotable grâce à un nouveau système d'aspiration. Malgré tous ces perfectionnements, il faut toujours faire le ménage… Qui inventera l'aspirateur robot ?

Les aliments surgelés

Si nous mangeons des fruits et légumes en dehors des saisons de production, si nous dégustons des produits venus de l'autre bout du monde, c'est en partie grâce aux progrès accomplis dans la conservation des aliments. L'Américain Clarence Birdseye a contribué à ces progrès en inventant la surgélation.

Histoire du froid

Depuis l'Antiquité, l'homme a recours au froid pour conserver ses aliments. Les peuplades nordiques, par exemple, enfouissaient leurs denrées dans la neige et les Romains transportaient poissons et langoustes jusqu'à Rome dans de la glace ! Le commerce de la glace naturelle sera d'ailleurs un marché très florissant jusqu'à la fin du XIXe siècle.

Premières technologies

En 1834, l'Américain Jacob Perkins dépose un brevet de machine à fabriquer de la glace et le Français Ferdinand Carré fait de même en 1857. Ces progrès rendent la congélation des aliments possible, tout au moins au niveau industriel. Il faudra attendre 1913 pour voir apparaître, aux États-Unis, le premier réfrigérateur destiné au grand public, mais il ne connaîtra guère de succès. C'est avec la découverte des gaz réfrigérants du type fréon, en 1930, que la conservation par le froid entre dans une nouvelle ère et séduit les maîtresses de maison. La surgélation fera alors son apparition grâce à l'Américain Clarence Birdseye (1886-1956).

La congélation et la surgélation ont pour objectif de maintenir la température interne d'un aliment à -18 degrés. La surgélation est simplement un procédé de congélation très rapide (en général à -50 °C). Elle présente l'avantage, par rapport à la congélation lente, de limiter la formation de cristaux de glace. Ainsi, l'aliment garde une apparence plus proche de celle d'origine après décongélation, au lieu de ressembler à une sorte de... bouillie !

EURÊKA ! Alors qu'il voyage dans la région du Labrador, au nord du Canada, Clarence Birdseye observe des pêcheurs. Il constate que les poissons sortis de l'eau sont immédiatement congelés par le froid intense et que leur chair conserve toute sa texture lorsqu'ils sont décongelés avant consommation. En un instant, il comprend comment résoudre le problème de changement de texture posée par la congélation : il suffit de congeler les aliments très rapidement et à très basse température. Il vient d'inventer la surgélation. Après avoir perfectionné le procédé, il dépose son brevet en 1929.

La surgélation est un excellent moyen de conservation des aliments. À condition toutefois de respecter certaines règles : décongeler l'aliment dans un endroit frais pour éviter un développement rapide des bactéries, ne pas recongeler un aliment décongelé, ne pas oublier que les aliments congelés ont aussi une date de péremption.

Qualités nutritives

La surgélation préserve les qualités nutritionnelles des végétaux, à condition qu'elle survienne aussitôt après la cueillette. L'apport en vitamines est alors supérieur à celui des produits frais stockés quelques jours. Par contre, la qualité gustative des surgelés est nettement inférieure. Le froid permet la conservation des aliments en bloquant le développement des bactéries, mais elle ne les tue pas. La surgélation est même moins efficace que la congélation lente de ce point de vue. En conséquence, dès le début de la décongélation, ces micro-organismes commencent à se multiplier et l'aliment doit être rapidement consommé.

La congélation n'est pas le seul procédé de conservation. Il y a aussi : le stockage dans des endroits frais (grottes, caves...) ou dans de la glace, le séchage (technique de déshydratation douce), le fumage, l'appertisation (ou stérilisation, inventée par le français Nicolas Appert en 1882), la conservation dans le sucre (confitures), dans le vinaigre ou dans l'huile, et, plus récemment, la lyophilisation (déshydratation rapide) ou l'exposition aux radiations nucléaires.

Les antibiotiques

Les antibiotiques sont des substances produites par des microbes et utilisées pour lutter contre d'autres microbes. De découverte récente, ils représentent l'une des plus grandes avancées de la médecine. Le premier antibiotique à avoir sauvé des milliers de vies est la pénicilline.

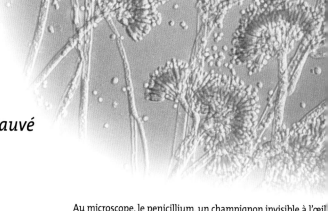

Au microscope, le penicillium, un champignon invisible à l'œil nu, ressemble à un bouquet de fleurs transparentes. Il se développe sur des aliments en formant une moisissure.

Découvreurs de la pénicilline

En 1928, Alexander Fleming (1881-1955), alors professeur de bactériologie à Londres, remarque, par hasard, les propriétés antibiotiques d'une moisissure appelée pénicillium. En 1940, Howard Florey (1898-1968) reprend les travaux de Fleming et produit de la pénicilline.

! EURÊKA ! La découverte de la pénicilline doit autant à l'ingéniosité humaine qu'à un heureux concours de circonstances. Tout commence avec Alexander Fleming. Un jour, il constate qu'une de ses cultures de staphylocoques a été accidentellement contaminée et détruite par une moisissure appelée pénicillium. Mais il ne poursuit pas ses investigations. Sa découverte suscite donc peu d'intérêt dans le monde médical et reste au fond d'un tiroir jusqu'à la Seconde Guerre mondiale.

La pénicilline miracle

En 1940, une équipe de chercheurs d'Oxford, Florey, Chain et Heatley, réussit à isoler et purifier le principe antibactérien du pénicillium. L'année suivante, ils soignent avec succès un malade atteint de septicémie et promis à une mort certaine. Dès lors, très rapidement, la pénicilline est utilisée pour soigner les soldats blessés et son efficacité est fantastique : c'est le début de l'ère des antibiotiques !

Avant les antibiotiques

Comme pour bien des découvertes, il faut remonter loin dans le temps pour en retracer toute l'histoire. Les médecins chinois et ceux de l'Antiquité avaient déjà remarqué que des moisissures aidaient à la cicatrisation des plaies et agissaient contre certaines infections. Mais ces connaissances resteront limitées pendant très longtemps, faute de connaître l'existence des microbes.

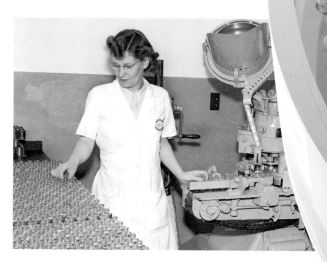

La production industrielle de pénicilline a commencé au cours de la Seconde Guerre mondiale et a sauvé la vie à un grand nombre de soldats blessés.

Les débuts de la microbiologie

Plus tard, Louis Pasteur (1822-1895), l'un des pères de la microbiologie moderne, avait observé que certaines bactéries pouvaient tuer d'autres bactéries. Il avait même déclaré que ce phénomène pourrait un jour être utilisé en médecine. Dans les années 1880, Jean Antoine Villemin invente le terme antibiose, dont dérivera le terme antibiotique.

La fabrication des antibiotiques

Certains proviennent de la culture d'organismes qui les produisent naturellement (champignons, bactéries…). D'autres sont produits par synthèse chimique. Ils sont indispensables pour lutter contre les maladies infectieuses. Malheureusement, les microbes deviennent de plus en plus résistants à leur action. C'est pourquoi il faut prendre des antibiotiques seulement si c'est nécessaire, et uniquement sur prescription médicale.

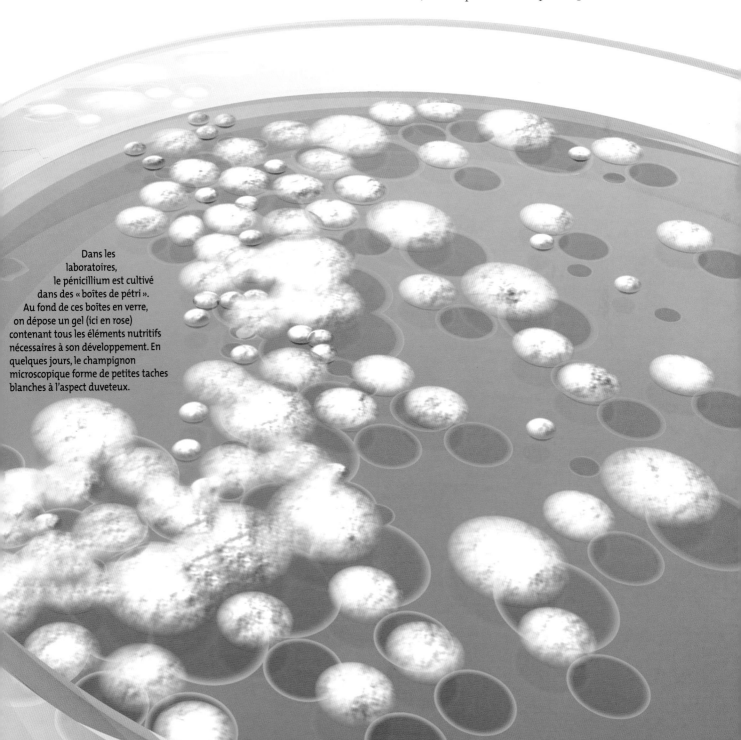

Dans les laboratoires, le pénicillium est cultivé dans des « boîtes de pétri ». Au fond de ces boîtes en verre, on dépose un gel (ici en rose) contenant tous les éléments nutritifs nécessaires à son développement. En quelques jours, le champignon microscopique forme de petites taches blanches à l'aspect duveteux.

Le Nylon

Quel rapport y a-t-il entre des bas, les poils d'une brosse à dents, une corde de spéléologue, l'enveloppe d'une montgolfière et une guitare classique ? Réponse : tous comportent des éléments en Nylon, une fibre synthétique révolutionnaire découverte en 1938.

L'ère des matières plastiques

Les matières plastiques ont envahi notre environnement, remplaçant des matériaux traditionnels comme le bois ou le verre. La première fut découverte en 1870, par les frères Hyatt, imprimeurs dans l'État de New York. En réponse à un concours, doté de 10 000 dollars, ils ont créé le Celluloïd, produit dérivé de la cellulose, pour remplacer l'ivoire des boules de billard. En 1907, Léo Baekeland, un chimiste belge, découvre ce qu'il nommera la Bakélite. Entre les deux guerres, la chimie des matières plastiques connaît un extraordinaire essor. Des entreprises allemandes et américaines rivalisent de créativité et découvrent de grandes familles de matières plastiques: polychlorure de vinyle, Plexiglas, polyéthylène ou encore polyuréthane. En 1938, c'est au tour du Nylon.

Julian Hill présente l'expérience fondamentale qui a permis la synthèse du Nylon. Après avoir mélangé les réactifs dans une éprouvette, il étire le filament de polyamide, lui donnant forme et résistance.

En 1928, Wallace Hum Carothers (1896-1937) est nommé directeur du laboratoire de recherche en chimie organique de la firme américaine Du Pont de Nemours. Ce brillant chercheur est un spécialiste des polymères, ces grosses molécules constituées de longues chaînes de molécules plus petites. Son équipe découvre plusieurs de ces fibres synthétiques, mais la plupart ne seront jamais utilisées pour la fabrication de vêtements: trop instables, elles fondent sous le fer à repasser!

Dans l'industrie, le Nylon est préparé à 280 °C, à partir de l'acide hexanedioïque (acide adipique) et le diamino-1,6-hexane (hexaméthylène diamine). Il se forme à la surface de contact entre les deux composés et ses longues fibres sont immédiatement captées et enroulées sur des cylindres. Cette synthèse, très simple, peut être réalisée en salle de classe, mais le Nylon produit est de moins bonne qualité.

Les premiers bas en Nylon étaient très imparfaits, mais la demande était telle que les revendeurs étaient rapidement dévalisés de leur stock. Pendant plusieurs années, Du Pont de Nemours eut du mal à satisfaire toutes les demandes.

! EURÊKA !

Un jour de l'année 1930, alors que Carothers était absent du laboratoire, ses collaborateurs tentent la synthèse d'un nouveau composé et observent sa polymérisation dans le bécher. Ils en retirent une longue fibre et décident de tester sa solidité dans le couloir. À leur grande stupéfaction, les fibres de plastique deviennent encore plus résistantes lorsqu'elles sont étirées.

Pourquoi le Nylon ?

La soie, si douce pour les vêtements et si résistante pour les fils de canne à pêche, est produite par la chenille (appelée ver à soie) du bombyx. Malheureusement, au début du siècle, la production ne peut suivre la demande en raison de maladies qui touchent régulièrement le lépidoptère et déciment les élevages. Les industriels ont donc l'idée de trouver un remplaçant synthétique à cette fibre très prisée. Au final, le Nylon n'a jamais détrôné la soie pour le confort, mais bien des manufactures ont fermé leurs portes lorsqu'il fut mis sur le marché en 1938. La synthèse étant facile et peu onéreuse, les produits en Nylon pouvaient être vendus à des prix défiant toute concurrence.

Le Téflon

Cette matière que l'on connaît surtout au fond de nos poêles à frire est certainement l'une des plus résistantes que l'homme ait réussi à synthétiser. Si l'on écarte toute considération esthétique, le Téflon, qui est d'une couleur blanche des plus banales, est aux matières plastiques ce que le diamant est aux minéraux.

Les astronautes disposent d'une combinaison très sophistiquée pour les protéger lors de leurs sorties dans l'espace. Ces scaphandres sont composés de 25 couches différentes de tissus et de matières plastiques. L'enveloppe externe, celle exposée à l'agressivité de l'espace intersidéral, est en pur Téflon. Deux autres couches contiennent également des fibres de Téflon, comme on peut le voir en médaillon.

Un inventeur chanceux

Dès la fin de ses études, Roy Plunkett (1910-1994) a intégré la grande entreprise américaine Dupont de Nemours, spécialisée dans le secteur de la chimie. Il est resté fidèle à cette société jusqu'à la retraite. Deux ans après son arrivée, il découvre un peu par hasard une molécule révolutionnaire…

EURÊKA !

Dans son laboratoire, Roy Plunkett tente de mettre au point de nouveaux liquides réfrigérants pour les réfrigérateurs et les congélateurs. En 1938, il tente une nouvelle expérience sur le fréon, un gaz inerte, qu'il place dans une enceinte à -798 °C. Lorsqu'il ouvre le robinet pour laisser le gaz s'échapper, rien ne sort ! Il inspecte alors l'intérieur du compartiment et voit une poudre blanche inattendue. Il a découvert ce qui allait bientôt s'appeler le Téflon !

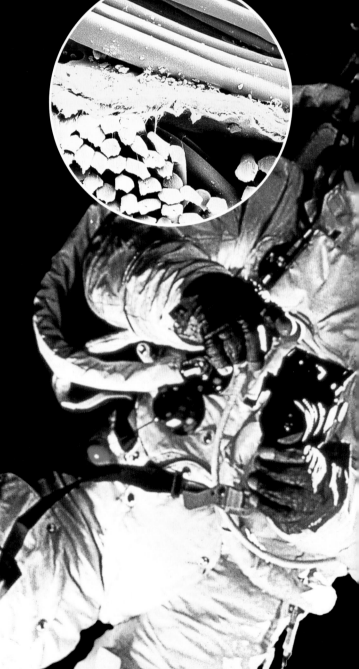

Une substance remarquable

Cette mystérieuse poudre blanche est née de
la polymérisation du gaz introduit par Plunkett.
Autrement dit, les molécules de fréon se sont fixées
spontanément les unes au bout des autres, de manière
à former de longues chaînes. Pour cette raison,
la poudre a été nommée « polytetrafluoroéthylène » ou
PTFE, puis baptisée du nom commercial de Téflon.
Le Téflon s'est avéré être une molécule remarquable.
Il est extrêmement résistant à l'attaque des acides, et
d'une manière générale à tout ce que la chimie
compte comme substances corrosives. Il supporte
parfaitement les variations de température. Enfin,
il est doté d'une propriété originale : rien ne
peut rester collé à sa surface !

Dans son laboratoire, Roy Plunkett a soumis le PTFE aux pires traitements. Il a exposé son échantillon aux très basses et très hautes températures. Il l'a plongé dans des bains d'acides concentrés ou de solvants capables de dissoudre tout ce qui existe. À la fin de ces épreuves, son échantillon de plastique blanc avait toujours le même aspect... flambant neuf !

Partout du Téflon

La résistance du PTFE est mise à profit pour fabriquer des mécanismes qui n'ont pas besoin d'être lubrifiés, pour protéger l'intérieur des tuyauteries dans l'industrie chimique. En médecine, on le trouve dans les implants artificiels (ligaments, cœurs...) et dans divers ustensiles (cathéters, seringues...). Grâce à ses propriétés antiadhésives, il intervient dans la confection des moquettes afin de les rendre plus résistantes aux taches. Il est associé aux fibres textiles destinées à l'habillement pour offrir une protection contre les intempéries. Il sert de revêtement anti-adhérent pour les ustensiles de cuisine.

En 1954, un ingénieur de recherche à l'ONERA, le français Marc Grégoire, a développé une technique d'incrustation du Téflon sur du métal. Il a appliqué ses brevets au perfectionnement de divers ustensiles de cuisine pour que les aliments n'attachent pas pendant la cuisson. En 1956, il a fondé la société Téfal, célèbre pour sa poêle.

Le four à micro-ondes

Bizarrement, l'histoire du four à micro-ondes commence par l'invention du radar. Mais quel rapport y a-t-il entre ces deux appareils ? C'est simple : leur principe de fonctionnement est basé sur l'émission de micro-ondes, pour repérer les obstacles dans le premier cas, pour réchauffer les aliments dans le second !

L'inventeur du four

Percy Lebaron Spencer (1894-1970), orphelin à 18 mois, est né à Howland aux États-Unis. Il n'est pas très doué pour les études, mais il est doté d'une grande curiosité et d'un sens inné de l'innovation. Il perfectionnera divers appareils électroniques, notamment les caméras de télévision.

Ondes et radars

Les ondes électromagnétiques ont été découvertes de façon théorique par le physicien écossais Maxwell en 1865, puis mises en évidence expérimentalement vers 1888 par l'allemand Hertz, avec les premières transmissions radio. Les micro-ondes sont des ondes électromagnétiques d'une longueur voisine de 1 cm. Elles sont donc de même nature que la lumière, les rayons X ou les ondes hertziennes de la radio et de la télévision. Vers 1904, l'Allemand Hülsmeyer a découvert comment les utiliser pour détecter les obstacles et fabrique le premier radar. Les débuts du radar sont timides, mais après le naufrage du Titanic, en 1912, il sera peu à peu installé sur les tous les navires.

Le cœur du radar

Pendant la Seconde Guerre mondiale, le radar joue un rôle déterminant. Développé par les Britanniques depuis 1930, le magnétron, le cœur du radar qui produit les micro-ondes, est perfectionné et fabriqué en grande série par les Américains. Parmi les équipes affectées à cette tâche figure celle de Percy Spencer, ingénieur de la société Raytheon. Les hangars où sont testés les radars vont voir naître un moyen de cuisson révolutionnaire !

Les micro-ondes produites par le magnétron réchauffent très rapidement l'eau contenue dans l'œuf. Celle-ci se transforme en vapeur, et la pression monte (comme dans une cocotte-minute). Elle devient même telle que la coquille finit par se briser et l'œuf explose !

Le premier four à micro-ondes est lourd et encombrant. De plus, il est beaucoup trop cher pour que les ménages puissent se l'offrir. Il faudra attendre plusieurs dizaines d'années pour qu'il devienne un produit de consommation courante.

! EURÊKA !

La découverte du pouvoir chauffant des micro-ondes par Spencer est un peu confuse et tous les historiens y vont de leur petite anecdote. Selon les uns, une barre de chocolat qui a fondu dans sa poche alors qu'il était près d'un magnétron provoqua le déclic. Selon d'autres, il a posé son sandwich dessus et a constaté que le fromage avait fondu. Après cette découverte, il a répété l'expérience en faisant du pop-corn ou en cuisant un œuf.

Du radar au four

À la fin de la guerre, Percy Spencer dépose le brevet du four à micro-ondes. Un an plus tard, le premier modèle est testé dans un restaurant de Boston. Doté d'un refroidissement par eau, haut de 1 m et coûtant environ 5 000 dollars, il ne connaîtra guère de succès. En 1954, la société Raytheon met en vente le Radarange 1161, plus performant et presque moitié moins cher, qui séduit entreprises de restauration et hôpitaux. En 1967, la première version domestique est commercialisée par la filiale Amana au prix de 1 500 dollars et commence à faire la conquête des particuliers. Ce succès ne faiblira pas: Le four à micro-ondes équipe aujourd'hui 95 % des ménages américains, et un foyer sur deux en Europe.

Les empreintes génétiques

Les faits divers rapportent souvent des cas de criminels confondus grâce à leurs empreintes génétiques. Ce nouveau moyen d'investigation à la disposition de la police et de la justice a été mis au point par le Britannique Alec Jeffreys en 1984. Il complète, plus qu'il ne le remplace, la technique des empreintes digitales, établie par Alphonse Bertillon en 1901.

Les échantillons d'ADN prélevés sur les lieux d'un crime ou sur une victime peuvent être conservés très longtemps grâce à la congélation. Ils peuvent donc servir à confondre un suspect, bien des années après le délit.

Le père du test de paternité

Alec Jeffreys est né en 1950. Après ses études à l'université d'Oxford, il rejoint le département de génétique de l'université de Leicester où il est nommé professeur en 1987. Son thème de recherche est centré sur l'étude des variations de notre génome et leurs rapports avec les maladies génétiques.

! EURÊKA ! Le 15 septembre 1984, dans l'obscurité du labo photo, Alec Jeffreys développe le cliché d'une de ses dernières expériences. Il représente un gel sur lequel sont déposés des fragments d'ADN. Il réalise tout à coup que cette image est unique, intimement liée à la personne sur laquelle l'ADN a été prélevé. Si ce dernier provenait d'une autre personne, l'image serait différente, car les fragments seraient disposés autrement. Ce cliché pouvait donc être considéré comme une « empreinte génétique » de la personne en question.

La grande double hélice d'ADN est présente dans pratiquement toutes les cellules de notre organisme. Elle est composée de molécules, appelées bases, associées par paires. L'ordre de ces paires de base le long de l'hélice est spécifique à chacun d'entre nous. Seuls les vrais jumeaux possèdent des ADN rigoureusement semblables.

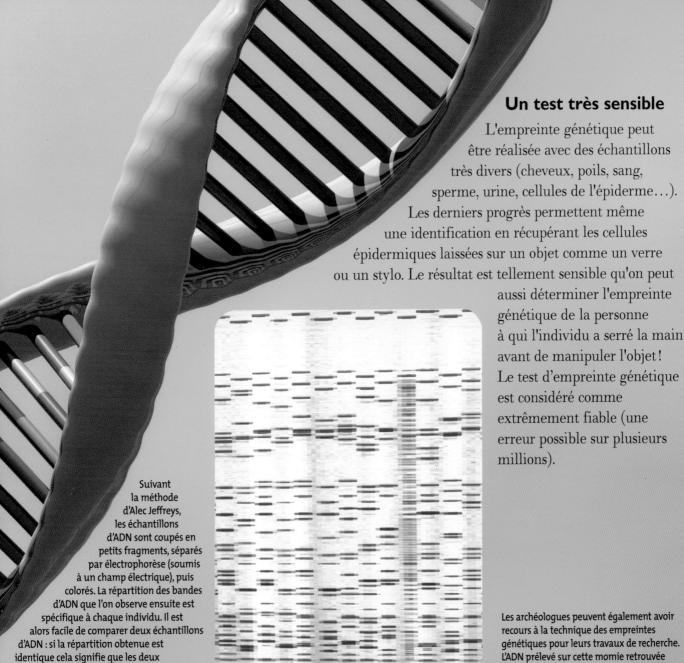

Un test très sensible

L'empreinte génétique peut être réalisée avec des échantillons très divers (cheveux, poils, sang, sperme, urine, cellules de l'épiderme…). Les derniers progrès permettent même une identification en récupérant les cellules épidermiques laissées sur un objet comme un verre ou un stylo. Le résultat est tellement sensible qu'on peut aussi déterminer l'empreinte génétique de la personne à qui l'individu a serré la main avant de manipuler l'objet ! Le test d'empreinte génétique est considéré comme extrêmement fiable (une erreur possible sur plusieurs millions).

Suivant la méthode d'Alec Jeffreys, les échantillons d'ADN sont coupés en petits fragments, séparés par électrophorèse (soumis à un champ électrique), puis colorés. La répartition des bandes d'ADN que l'on observe ensuite est spécifique à chaque individu. Il est alors facile de comparer deux échantillons d'ADN : si la répartition obtenue est identique cela signifie que les deux échantillons proviennent de la même personne !

Les archéologues peuvent également avoir recours à la technique des empreintes génétiques pour leurs travaux de recherche. L'ADN prélevé sur cette momie retrouvée dans le Nord-Est de la Chine, par exemple, a révélé que l'individu en question descendait d'ancêtres venus d'Europe 3 000 ans auparavant !

Le premier test

Le test va rapidement devenir un outil irremplaçable pour identifier les criminels. Il sera largement utilisé pour établir une paternité.

Deux ans après sa découverte, le test de Jeffreys est mis à l'épreuve. La police britannique enquête sur le meurtre de deux femmes et lui envoie des échantillons d'ADN provenant d'un suspect et de deux victimes. Le test montra clairement que l'ADN ne pouvait pas provenir du suspect. Le tueur fut identifié, plus tard, quand tous les hommes de la région furent soumis à une prise de sang en vue d'une identification génétique.

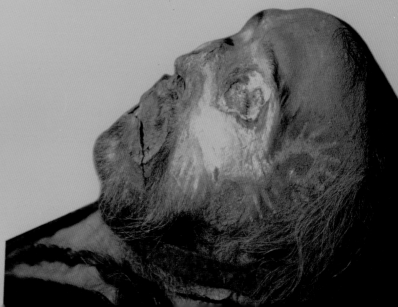

De la levure à l'homme

Les levures sont des champignons microscopiques composés d'une cellule unique, et pour se multiplier, elles se divisent simplement en deux nouvelles cellules identiques. Ce processus relativement simple est contrôlé par des gènes. Les chercheurs ont montré que ces mêmes gènes étaient impliqués dans le cancer où l'on observe une division anarchique de certaines cellules de l'organisme. Mieux comprendre la levure nous permet donc de mieux comprendre l'homme !

Processus de multiplication

Si Paul Nurse a choisi d'étudier le patrimoine de la levure, ce n'est pas par hasard. C'est l'un des organismes les mieux connus des chercheurs, et son patrimoine génétique comporte seulement 5 000 gènes (contre près de 400 000 chez l'homme) Les expériences que Nurse mène avec son équipe l'on conduit à la découverte d'un gène bien particulier : le gène appelé cdc2, qui est impliqué dans la division cellulaire de la levure. Si ce gène cdc2 n'est pas assez actif, les levures ne se divisent pas. Si au contraire il est trop actif, les cellules de levure se divisent trop rapidement, avant d'arriver à maturité, et elles présentent des anomalies.

ADN et gènes

Depuis le début de sa carrière, Paul Nurse étudie l'ADN (acide désoxyribonucléique). Cette grosse molécule présente dans presque toutes les cellules est un composant essentiel de tous les êtres vivants, y compris l'homme, car il contient, de manière codée, le patrimoine d'un organisme.

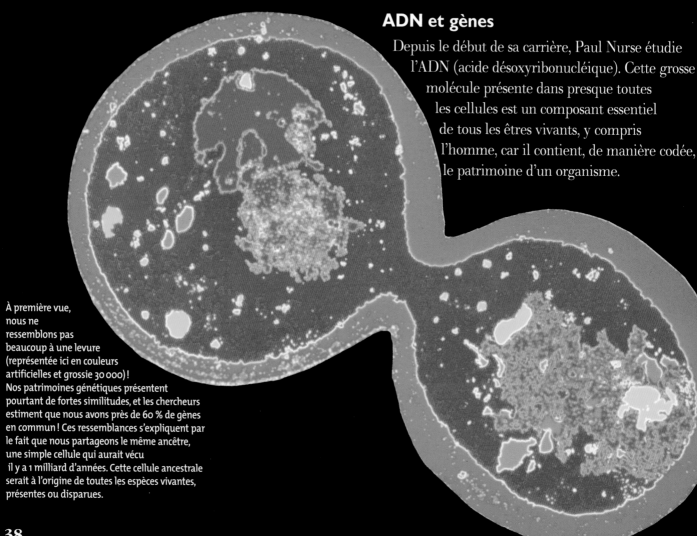

À première vue, nous ne ressemblons pas beaucoup à une levure (représentée ici en couleurs artificielles et grossie 30 000) ! Nos patrimoines génétiques présentent pourtant de fortes similitudes, et les chercheurs estiment que nous avons près de 60 % de gènes en commun ! Ces ressemblances s'expliquent par le fait que nous partageons le même ancêtre, une simple cellule qui aurait vécu il y a 1 milliard d'années. Cette cellule ancestrale serait à l'origine de toutes les espèces vivantes, présentes ou disparues.

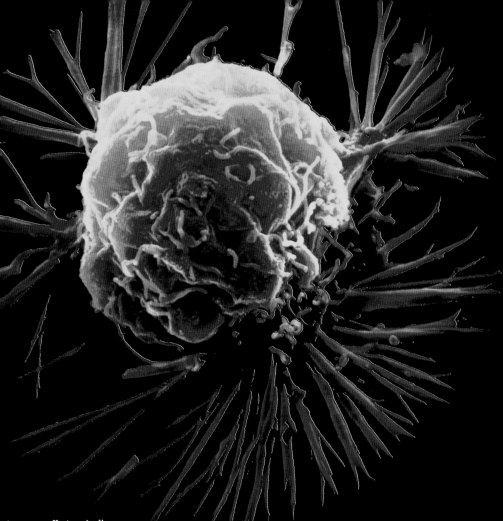

EURÊKA ! En 1987, une idée germe dans l'esprit de Nurse. Délaissant momentanément ses levures, il décide de s'intéresser aux cellules humaines qui ont elles aussi la capacité de se diviser. Très rapidement, il découvre qu'un gène cdc2 est également présent dans nos cellules et que celui-ci à une structure extrêmement proche de celui de la levure ! Du coup, tout ce que l'on sait sur le fonctionnement du gène cdc2 de la levure est applicable à l'homme !

Le cancer affecte près d'une personne sur trois dans le monde. En se multipliant, les cellules cancéreuses perturbent le fonctionnement normal de l'organisme et mettent sa vie en danger. Mieux comprendre les mécanismes intimes du cancer permettra aux médecins de mettre au point de nouveaux traitements plus efficaces.

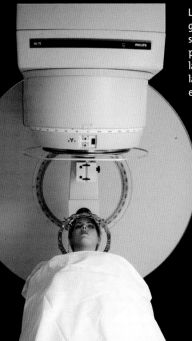

Les médecins disposent de trois grands types de traitement pour soigner un cancer : la chirurgie pour enlever une tumeur, la chimiothérapie (basée sur la prescription de médicaments) et la radiothérapie (basée sur l'exposition à des rayons électromagnétiques) pour détruire les cellules cancéreuses. Dans l'avenir, en connaissant mieux les mécanismes du cancer, nous pourrions disposer de nouveaux traitements en intervenant directement sur la régulation des gènes.

Mieux comprendre le cancer

Le cancer étant caractérisé par une multiplication anarchique de cellules malades, un parallèle pouvait maintenant être fait entre mauvais fonctionnement du gène cdc2 et cancer ! De fait, pendant la maladie, l'activité du gène cdc2 des cellules cancéreuses est plus importante que la normale. Grâce à la modeste levure, les chercheurs comprennent donc un peu mieux à présent les mécanismes du cancer. Il faudra malheureusement encore attendre quelques années avant que ces connaissances, complétées par d'autres, nous permettent de vaincre définitivement cette maladie. Compte tenu de l'importance de ses travaux et de leurs potentielles implications pour l'homme, Paul Nurse a été récompensé du Prix Nobel de médecine en 2001, la plus haute distinction qu'un chercheur puisse recevoir !

En mouvement !

Aller à pied ne permet pas de parcourir de grandes distances très vite. Il ne faut donc pas s'étonner que l'homme ait sans cesse voulu aller de plus en plus vite et de plus en plus loin. La voie des airs est sans doute celle qui a suscité le plus de rêve et le plus de folie. C'est certainement aussi celle qui a été la plus coûteuse en vies humaines. Combien d'inventeurs ont péri en voulant réaliser ce rêve : voler comme les oiseaux !

La montgolfière

Les montgolfières sont les premiers aérostats ayant permis à l'homme de voler, devançant l'avion de près d'un siècle. À la veille de la Révolution, nobles et paysans se passionnent et s'enflamment pour cette nouvelle conquête de l'homme.

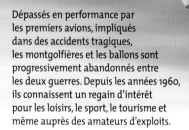

Dépassés en performance par les premiers avions, impliqués dans des accidents tragiques, les montgolfières et les ballons sont progressivement abandonnés entre les deux guerres. Depuis les années 1960, ils connaissent un regain d'intérêt pour les loisirs, le sport, le tourisme et même auprès des amateurs d'exploits.

Frères et inventeurs

Joseph Montgolfier (1740-1810) et Étienne (1745-1799), son cadet, travaillent dans la fabrique de papier familiale. Mais, ils ont une âme d'inventeurs et de pionniers. Ils sont passionnés par la conception de machines et rêvent de capturer les nuages ou de voir l'homme voler !

EURÊKA !

Un jour, alors qu'ils sont près d'une cheminée, une chemise gonflée par l'air chaud forme une vasque et se soulève toute seule...

Les frères se demandent alors si ce procédé ne pourrait pas être appliqué à une machine pour la faire décoller. Très vite, ils se mettent à l'ouvrage et construisent leur premier engin, un cube de soie d'un mètre de côté. Un feu est allumé et leur intuition se révèle juste : le cube, posé au-dessus, s'élève rapidement au plafond. Ils reproduisent l'expérience dans leur jardin, et le parallépipède monte à trente mètres du sol. Ce jour de novembre 1782 voit décoller le premier aéronef !

Des progrès rapides

Encouragés par ce succès, les Montgolfier construisent et testent toute une série d'engins, d'abord modestes ($3 m^3$), puis plus gros ($800 m^3$). Le dernier s'élève à 400 m d'altitude. Dès lors, il n'est plus possible de travailler dans le secret. Afin de préserver la paternité de leur invention, ils décident de réaliser une démonstration publique dans leur ville d'Annonay. Le 4 juin 1783, leur ballon de $900 m^3$, fait de coton et de papier, s'envole jusqu'à 1 000 m et va s'écraser dans un champ avant de prendre feu. Les témoins certifièrent l'authenticité de ce vol d'une durée de 10 minutes et un compte-rendu fut envoyé à l'Académie Royale des sciences, qui invita les frères Montgolfier à faire une démonstration de leur « machine aérostatique ».

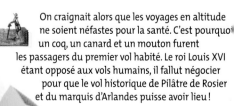

On craignait alors que les voyages en altitude ne soient néfastes pour la santé. C'est pourquoi un coq, un canard et un mouton furent les passagers du premier vol habité. Le roi Louis XVI étant opposé aux vols humains, il fallut négocier pour que le vol historique de Pilâtre de Rosier et du marquis d'Arlandes puisse avoir lieu !

Les ballons s'envolent car l'air chaud à l'intérieur de l'enveloppe est plus léger que l'air froid à l'extérieur. Les frères Montgolfier l'ignoraient et pensaient que la fumée était responsable du phénomène.

Succès

Après quelques essais réussis, le premier vol officiel avec passagers (le physicien Pilâtre de Rosier et le marquis d'Arlandes) se déroule le 21 novembre 1783 dans les jardins de la Muette à Paris. Pilâtre pilota l'engin avec une adresse impressionnante. Pour descendre, il laissait mourir le feu, puis le ranimait avec un ballot de paille pour remonter. Le vol dura 17 minutes !

Les frères Montgolfier, anoblis par le roi, donnent leur nom à la montgolfière, qui connaît un succès fou. À la même époque, le chimiste Jacques Charles (1746-1823) utilise l'hydrogène, gaz plus léger que l'air, pour faire voler son ballon. Le 1er décembre 1783, il effectue un vol historique avec Marie-Noël Robert, parcourant 35 km en deux heures et atteignant au retour une altitude de 3 300 m. L'ère des plus légers que l'air commence !

Pendant la Première Guerre Mondiale, les ballons à hydrogène furent largement utilisés comme poste d'observation pour surveiller les mouvements des troupes ennemies.

Les ballons sont maintenant utilisés pour accomplir des exploits comme le tour du monde sans escale. Leur principe ascensionnel est une combinaison de celui de la montgolfière et du ballon à gaz : un brûleur permet de réchauffer l'hélium pour prendre de l'altitude. Pour plus de sécurité, l'enveloppe peut aussi se transformer... en parachute !

L'ascenseur

Plus les bâtiments ont gagné en hauteur, et plus les ascenseurs sont devenus indispensables, nous épargnant temps et efforts. On pourrait donc croire que cette invention est liée à l'époque moderne, mais en réalité les premiers monte-charge ont été construits voici plus de 2000 ans !

Sécurité ou fiabilité ?

L'Américain Elisha Graves Otis (1811-1861) est considéré comme l'inventeur de cette machine dans sa forme moderne. Dans les années 1850, les monte-charge utilisés pour les marchandises sont devenus indispensables dans tous les pays industriels. Toutefois, ils sont loin d'offrir toutes les conditions de sécurité souhaitables. Régulièrement, le filin ou la corde auquel ils sont suspendus se rompt, provoquant de nombreux accidents. Pour tout dire, ces ascenseurs font peur, et le commun des mortels préfère encore gravir les escaliers plutôt que de risquer sa vie sur ces plateformes mobiles. Grâce à Elisha Otis, le cours de l'histoire va radicalement changer…

Les ancêtres

Le premier ascenseur réservé au transport des personnes, fut installé à Versailles pour le roi Louis XV. Situé à l'extérieur et actionné par un seul serviteur, il permettait au monarque de passer du premier au second étage, autrement dit de ses appartements à ceux de sa maîtresse, Madame de Châteauroux ! Au cours du XIXe siècle, la vapeur remplace les muscles et le premier ascenseur public fut inauguré en 1857, à New York. En 1880, une firme allemande construit le premier ascenseur électrique.

Le système imaginé par Elisha Otis est relativement simple. Si la corde soutenant l'ascenseur se rompt, un puissant ressort est relâché. Il actionne alors un système de leviers terminés par des crochets qui viennent s'emboîter sur la crémaillère fixée le long de la cage. La cabine est immédiatement stoppée dans sa chute.

Sans les ascenseurs, les gratte-ciel d'aujourd'hui ne pourraient exister.
Les plus rapides progressent à plus de 45 km/h, soit près de 4 étages par seconde !

N'hésitant pas à prendre des risques, Elisha Otis démontre l'efficacité de son dispositif de sécurité en prenant place lui-même sur le monte-charge. Cette campagne de publicité hors du commun aura des résultats immédiats. De nos jours, la firme Otis est l'un des plus importants constructeurs d'ascenseurs.

! EURÊKA ! En 1854, pour convaincre ses compatriotes et le monde entier, Otis n'hésite pas à participer aux

démonstrations. Seul sur un monte-charge, il est hissé à plusieurs mètres du sol. Pendant qu'il explique aux spectateurs attentifs le principe de son invention, un collaborateur coupe la corde. Mais, au lieu de tomber comme une pierre et de s'écraser au sol, le monte-charge s'immobilise immédiatement. L'accident est évité ! L'assistance est conquise. Elle applaudit à tout rompre. Elisha Otis salue la foule et s'exclame d'un air amusé mais nullement étonné « je suis sain et sauf ! ».

Sécurité ou fiabilité ?

Il existe 420 000 ascenseurs en France (150 000 en région parisienne). Avec 100 millions de voyages annuels, c'est le moyen de transport le plus utilisé, et il est remarquablement sûr, contrairement à ce que peuvent laisser croire quelques faits divers, On ne compte en effet que 3 à 5 accidents mortels par an, alors que la voiture y tue une personne par heure… Mais sécurité n'est pas synonyme de fiabilité : en moyenne, un ascenseur tombe en panne entre trois et dix fois par an, tandis que 125 000 personnes restent bloquées entre deux étages.

La charrue à soc pivotant

*Les laboureurs australiens du XIXᵉ siècle étaient confrontés
à un vrai problème : les terres défrichées renfermaient
de nombreuses souches qui brisaient les socs de leurs charrues.
Richard Smith inventa une nouvelle charrue capable
de tourner l'obstacle, au sens propre comme au sens figuré !*

La technologie de la charrue

La charrue a connu de multiples améliorations
au cours du temps. Le soc en bois, la pièce
qui soulève la terre, a été remplacé par un soc
en bronze, puis en fer, puis en acier. Des roues
ont été fixées sur le train avant pour faciliter
la progression dans le champ. Le coutre, une lame
de fer qui découpe la motte de terre et une rasette
qui nettoie le sol avant son retournement, a été ajouté.
Le versoir, qui retourne la terre, a connu,
lui aussi, des améliorations de forme. L'invention
de Richard Smith prend place parmi tous ces
perfectionnements qui ont eu lieu au cours du temps.
Ces progrès ont permis d'adapter la charrue à tous
les types de terrains et de valoriser le labourage pour
un meilleur rendement des cultures.

La charrue imaginée par Smith était extrêmement simple.
Mais son efficacité était telle que le rendement de la culture
du blé en Australie a largement augmenté. Les fermiers la
surnommaient « la corbeille à pain » !

Après avoir inventé son nouveau type de charrue, Smith a créé des usines
qui employaient un grand nombre d'ouvriers pour la fabriquer. Il fut obligé
de se défendre contre des investisseurs peu scrupuleux qui tentèrent
de copier sa machine.

! EURÊKA ! Un jour de l'année 1876 alors que Richard Smith est en train de labourer son champ, le soc de sa charrue heurte une souche. Sous le choc, un boulon se brise et le soc, devenu mobile, se soulève hors de terre, puis replonge de l'autre côté de la souche pour continuer à retourner la terre. Le cheval qui tire la charrue ne s'est même pas aperçu de l'incident et continue sa progression. Remis de son étonnement, Richard Smith réalise qu'il dispose maintenant d'une charrue parfaitement adaptée au labourage des champs envahis par les souches et autres obstacles.

Laboureur et homme d'affaires

Bien vite, il fabrique une charrue disposant d'un soc mobile et d'un contrepoids pour le maintenir dans la terre. Il dépose le brevet de son invention et présente la charrue à une foire agricole où elle remporte le premier prix de l'innovation. Dès lors, sa voie est toute tracée : il va abandonner les travaux des champs et diriger des usines pour vendre la charrue.

Premier modèle mis en vente par Smith, la « Vixen » comportait trois lames, chacune étant associée à un poids qui la replongeait dans le sol après avoir sauté une racine ou une souche.

Richard Smith a ouvert de nombreuses usines pour fabriquer ses modèles de charrue. Plus tard, il se lancera dans le développement et la production d'autres types de matériels agricoles. Sa première usine, à Ardrossan, en Australie, est aujourd'hui un musée consacré à ses inventions.

L'avion

L'avion réalise l'un des plus vieux rêves de l'homme : voler ! À la fin du XIXᵉ siècle, alors que montgolfières et ballons parcourent le ciel depuis plus de cent ans, les plus lourds que l'air font une timide apparition : beaucoup de pionniers de l'aviation paieront de leur vie la conquête du ciel...

Les frères Wright

Wilbur (1867-1912) et Orville (1871-1948) Wright sont deux Américains originaires de Dayton, en Arizona. Outre-Atlantique, ils sont considérés comme ayant réalisé le premier vol à bord d'un plus lourd que l'air. Mais, querelle d'experts ou de patriotes, en Europe, on attribue plutôt et exploit à Clément Ader !

Problèmes de pilotage

L'un des problèmes majeurs auxquels ont été confrontés les pionniers de l'aviation est celui de la stabilité et du pilotage : comment faire pour que l'avion monte, descende et tourne à volonté ? Le génie des frères Wright est d'avoir réussi à comprendre les principes aérodynamiques à la base de ce problème et à trouver un début de solution.

! EURÊKA ! C'est dans leur magasin de bicyclettes, entre deux clients, que les frères Wright ont conçu les premières bases du pilotage. Ils ont imaginé un système de commandes pour déformer les ailes à volonté et ainsi modifier l'action de l'air (comme sur le dessin ci-dessus) : incurvées vers le haut pour prendre de l'altitude et décoller, incurvées vers le bas pour descendre et atterrir. À partir de 1900, ils testent leur système avec succès sur un planeur. En 1903, ils ajoutent un moteur à essence à leur engin et le 17 décembre, devant quelques témoins ils effectuent les premiers vols historiques d'un plus lourd que l'air.

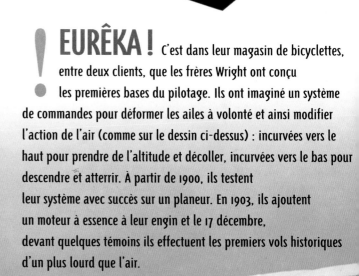

Du planeur à l'avion

L'histoire de l'aviation (mot inventé par l'écrivain et inventeur Gabriel de la Landelle en 1863) commence au début du XIXe siècle. Les pionniers abandonnent enfin l'idée du vol battu et optent pour des ailes fixes associées à un moyen de propulsion composé d'un moteur et d'une hélice. Pendant 50 ans, les essais portent essentiellement sur la mise au point de planeurs grâce à Gorge Cayley, Jean-Marie le Bris, Otto Lilienthal… Puis John Stringfellow réussit à faire voler sur quelques dizaines de mètres un modèle réduit d'aéroplane muni d'un moteur à vapeur. Dès lors, la voie est ouverte et les ancêtres des avions d'aujourd'hui vont prendre l'air.

Éole, la chauve-souris

Éole, l'avion de Clément Ader, ressemble à une chauve-souris mécanique. En 1890, il effectue un petit saut de puce de 50 mètres de long à l'altitude vertigineuse de quelques centimètres au-dessus du sol !

Plus qu'un véritable vol, c'est le premier décollage d'un homme grâce à une machine motorisée. Au début du siècle suivant, les frères Wright apportent leur contribution déterminante. Les principes de base de l'avion étant posés, les progrès sont continus et les records se succèdent : en 1906, Santos-Dumont vole sur plus de 200 m, en 1908 Henri Farman réussit le premier kilomètre en circuit fermé, en 1909, Louis Blériot traverse la Manche…
Les avions deviennent plus robustes, plus rapides et plus maniables. Au seuil de la Première Guerre Mondiale, l'aviation moderne est née. Elle prend définitivement son essor en participant activement aux combats.

À cette époque, le principal ennemi des avions était le poids. Disposant de moteurs peu puissants pour les propulser et leur permettre de décoller, ils étaient essentiellement construits en matériaux légers comme le bois et la toile. Le moteur de l'avion des frères Wright était tout juste assez puissant pour faire décoller la machine et son pilote.

L'aéroglisseur

Les bateaux ont un grave défaut : ils sont lents parce que leur coque est plongée dans l'eau, et que les frottements freinent leur progression. L'aéroglisseur a été conçu pour accéder à des vitesses bien supérieures.

Un précurseur

Pour éliminer les frottements, le bateau ne doit pas être en contact avec son support. Il faut donc trouver un moyen de le maintenir en l'air. Le premier à tenter de résoudre ce problème est Clément Ader, pionnier de l'aviation. En 1867, il construit une sorte de barque munie de trois patins pneumatiques, dans lesquels l'air est refoulé par une pompe. L'air ainsi propulsé soulève la coque et la maintient au ras de l'eau. Le brevet de cette invention est déposé en 1901 dans une indifférence quasi générale… Il faudra attendre les années 1950 pour que cette idée soit exploitée et que l'aéroglisseur devienne une réalité.

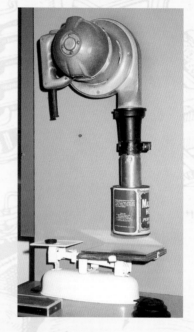

Pour ses premières expériences, Cockerell eut recours à un dispositif assez rustique Il utilisait un ventilateur du commerce, sur lequel il avait fixé une boîte de conserve pour canaliser le flux d'air. Il mesurait ensuite la pression de l'air dégagé sur une simple balance.

! EURÊKA ! Dans son atelier, Cockerell tente de comprendre et de maîtriser les flux d'air pour optimiser leur puissance. Un jour, grâce à une boîte de conserve de pâtée pour chat fixée sur un ventilateur, il comprend que pour augmenter la pression de l'air pulsé, il suffit de le canaliser dans un conduit de faible diamètre ! Il peut alors concevoir son premier aéroglisseur qu'il baptisera bien peu poétiquement SR N1. Les premiers essais ont lieu en 1955.

La première démonstration publique, sur une plage de Douvres, ne fut pas des plus convaincantes. L'aéroglisseur produisit d'impressionnants nuages d'eau pour des performances modestes et une maniabilité limitée.

Avantages...

Les aéroglisseurs ont une qualité première : ils sont aussi à l'aise sur la terre que sur l'eau, et passent de l'un à l'autre sans transition. Ce sont des engins parfaitement amphibies. De plus, la qualité du sol leur importe peu. Ils peuvent se déplacer sur du sable, de la neige, de la glace, des marécages, là où aucun autre véhicule ne pourrait s'engager sans risque. Sur l'eau, ils sont bien plus rapides que les bateaux de construction standard ; leur vitesse de croisière est deux fois plus élevée.

Voici le premier aéroglisseur construit par Cockerell, le SR-N1. Pour mieux glisser sur l'eau, il est muni de jupes en caoutchouc qui emprisonnent l'air.

...et inconvénients

Par contre, du fait de l'absence de frottement, ils sont plus délicats à manier et à faire tourner que tout autre engin. De même, ils sont très sensibles aux vents et supportent mal les vagues.

Cet « éclaté » montre la structure interne d'un aéroglisseur. On notera la place importante prise par le moteur et le système de circulation d'air, dont le rôle est de soulever l'engin au-dessus du sol. Sur le toit, deux hélices motorisées permettent de faire avancer l'engin.

Les Américains ont testé des aéroglisseurs militaires pendant la guerre du Viêt Nam entre 1954 et 1975. Les résultats ne furent guère concluants ! Très bruyants, soulevant des nuages d'eau ou de poussières, ils étaient facilement repérables et devenaient des cibles toutes désignées pour l'ennemi.

Magie de la lumière

En jouant dans la boutique de Hans Lippershey, des enfants ont permis l'invention de la lunette astronomique et ont participé à leur manière aux progrès de l'optique et de l'astronomie. Observer, c'est bien, mais garder une trace des observations est encore mieux. Notre mémoire visuelle a véritablement commencé avec l'invention de la photographie, instantanée ou non.

Le télescope

Les planètes, les étoiles, les galaxies, tous les objets célestes sont un peu loin de nous pour être correctement observés à l'œil nu. C'est pourquoi l'histoire de l'astronomie est intimement liée aux progrès de ces instruments d'observation que sont la lunette astronomique et le télescope.

Qui de Lippershey ou des enfants a découvert qu'une combinaison particulière de lentilles pouvait agrandir l'image d'objets distants ?

Hans Lippershey

Il est considéré par bien des astronomes, mais pas par tous, comme l'inventeur de la lunette astronomique. En effet, au moment de déposer son brevet, plusieurs autres prétendants ont réclamé la paternité de l'invention, mais n'ont pas obtenu gain de cause ! La date de naissance et le nom de Lippershey sont également incertains. Il serait né vers 1570 en Allemagne, mais au moment de la découverte, il habite à Middelburg, en Hollande, où il tient une boutique de lunettes et de lentilles.

! EURÊKA ! Le moment clé de sa découverte est flou, lui aussi. Est-ce Hans lui-même qui découvrit le pouvoir grossissant de deux lentilles placées l'une derrière l'autre, ou bien des enfants (voire ses propres enfants) en train de jouer dans son échoppe ? Personne ne le sait. Ce qui est sûr, c'est qu'après cette observation Hans Lippershey a fabriqué une longue-vue et s'est empressé de la faire breveter. Les militaires hollandais ont immédiatement considéré cette invention comme une arme de guerre et l'ont estampillée « Secret défense ». En vain, car la nouvelle s'est répandue rapidement dans toute l'Europe !

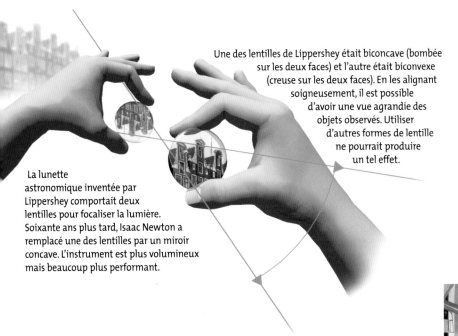

Une des lentilles de Lippershey était biconcave (bombée sur les deux faces) et l'autre était biconvexe (creuse sur les deux faces). En les alignant soigneusement, il est possible d'avoir une vue agrandie des objets observés. Utiliser d'autres formes de lentille ne pourrait produire un tel effet.

La lunette astronomique inventée par Lippershey comportait deux lentilles pour focaliser la lumière. Soixante ans plus tard, Isaac Newton a remplacé une des lentilles par un miroir concave. L'instrument est plus volumineux mais beaucoup plus performant.

Le télescope

En 1671, Isaac Newton présente le premier télescope. Dans cet instrument, le grossissement de l'image est assuré par un miroir. Il a l'énorme avantage de rendre accessibles des taux d'agrandissement bien plus importants que la lunette, celle-ci étant limitée par la taille de ses lentilles.

Les télescopes focalisent la lumière grâce à un miroir, lequel doit avoir une courbure extrêmement précise et régulière pour former une image nette.

Observation astronomique

Quelques mois après la découverte de Lippershey, l'astronome italien Galilée entend parler de cette fameuse longue-vue et décide d'en fabriquer une pour effectuer des observations astronomiques. C'est sans doute pour cette raison qu'on lui attribue parfois, à tort, la paternité de la lunette astronomique. Grâce à cet instrument, il découvrira les cratères de la Lune, les satellites de Jupiter et bien d'autres choses encore, et il vérifiera que la Terre est ronde, ce qui ne plaira guère aux ecclésiastiques de son temps.

De Newton à Hubble

Les plus grands télescopes optiques ont un miroir d'un diamètre supérieur à 4 m. Ils sont souvent construits en altitude, pour limiter les effets néfastes de l'atmosphère (absorption de la lumière, perturbations…), et loin des villes pour supprimer toute lumière parasite. Mais, le plus perfectionné est le télescope embarqué à bord du satellite Hubble. Idéalement situé au-dessus de l'atmosphère, il a permis des observations incomparables de tout l'Univers.

L'atmosphère terrestre absorbe une grande partie des rayons lumineux venant des lointaines étoiles. Les télescopes classiques sont donc d'une utilité limitée pour étudier ces astres. Les astronomes ont recours à des radiotélescopes qui recueillent les ondes radio.

La photographie

La photographie est née au début du XIXᵉ siècle, celui des lumières. C'est dans cette période de bouillonnement inventif que l'on a mis au point les premières surfaces photosensibles ainsi que les procédés chimiques permettant de révéler et de conserver les images.

Ce portrait est celui de l'épouse de Louis Daguerre. Il a demandé un peu moins d'une minute de temps de pose. À cette époque, les sujets devaient encore être très patients et rester parfaitement immobiles pour être immortalisés.

Daguerre et Nièpce

Louis Jacques Mandé Daguerre (1787-1851) est un inventeur, un danseur, un acrobate, un décorateur de théâtre… et il s'intéresse à la reproduction d'images. Il découvre alors les travaux précurseurs de Joseph Nicéphore Nièpce (1765-1833), lequel se consacre par ailleurs à la mise au point d'un moteur à explosion. En 1829, commence une collaboration féconde entre les deux hommes. Elle aboutira à la naissance du daguerréotype, mais Daguerre sera le seul à en recueillir les fruits car Nièpce meurt de manière prématurée.

EURÊKA !

Daguerre n'est ni un scientifique, ni un chimiste. Dans l'intimité de son atelier, fermé à double tour par crainte des espions, il procède de manière empirique, testant une multitude de produits. La chance lui sourira dans sa quête obsessionnelle. Un jour, une cuillère oubliée sur une plaque iodurée y laisse son empreinte. Il décide alors d'utiliser l'iodure d'argent comme produit photosensible à la place des produits bitumineux chers à Nièpce. Plus tard, un heureux hasard lui fait découvrir les propriétés révélatrices du mercure ! Lavé et fixé avec de l'eau salée, le daguerréotype entre dans son ère de gloire : le 19 août 1839, le procédé est présenté solennellement devant les Académies des sciences et des beaux-arts et les superbes clichés en noir et blanc connaissent immédiatement un succès mondial (qui préfigure celui de la photographie

Ci-dessous, photographie de Notre-Dame et du pont des Tournelles à Paris, en 1838 ou 1839. Au début de l'histoire de la photographie, les longs temps de pose ne permettaient pas de prendre des sujets mobiles. Ces derniers sont flous ou disparaissent totalement de la scène.

Pour révéler l'image latente des premiers daguerréotypes, la plaque de cuivre recouvert d'argent photosensible était placée dans une chambre noire, au-dessus des vapeurs de mercure chauffé.

Cette photographie, qui a demandé plusieurs heures de temps de pose, représente un coin de l'atelier de Louis Daguerre. Elle a été réalisée en 1837, mais la plus ancienne photographie que l'on ait retrouvée a été prise par Nièpce en 1826.

Les sels d'argent

Les sels d'argent seront l'élément de base des pellicules photographiques modernes. Mais il faudra bien des essais et des échecs pour trouver comment les utiliser. Le premier à associer produits photosensibles et chambre noire fut le Britannique Thomas Wedgwood. En 1801, il obtient des images avec du nitrate d'argent, mais il ne parvient pas à les fixer. Ses confrères inventeurs n'ont guère plus de chance : à chaque fois, l'image obtenue disparaît au bout de quelques minutes.

Le Polaroïd

Qui n'a jamais souhaité voir immédiatement le résultat de la photographie qu'il venait de prendre ? Cette impatience bien naturelle a été parfaitement comprise par Edwin Land et l'a conduit à imaginer un procédé de photographie instantanée.

Le Premier Polaroïd

Le scientifique et industriel Edwin Herbert Land (1909-1991) a déjà fait fortune en fabriquant des filtres polarisants lorsqu'il se lance dans la mise au point d'un procédé photographique instantané. Ses recherches débutent en 1943 et, quelques années plus tard, en 1948, il commercialise son premier appareil photo « Polaroïd » pour le noir et blanc.

Les premières pellicules instantanés étaient en noir et blanc, dans les tons sépia comme les vieilles photographies. Fort heureusement, elles offraient de nouvelles possibilités, car au même moment, les pellicules argentiques classiques en couleurs commençaient à être très populaires.

L'entreprise Land's Polaroid devint l'une des affaires les plus florissantes des États-Unis. Elle produisait des appareils photographiques instantanés mais également des pièces d'armement et participait au montage d'avions espions !

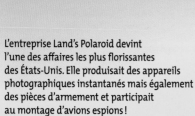

! EURÊKA ! Edwin Land est un inventeur génial, mais c'est aussi un homme d'affaires extrêmement avisé. Pour lancer son nouveau procédé instantané, il organise des démonstrations dans les supermarchés au lieu de lancer une campagne publicitaire coûteuse vantant la haute technologie de son procédé. Il réussira ainsi à convaincre bien plus efficacement et plus rapidement des milliers d'utilisateurs, impatients de voir le résultat des photographies qu'ils prennent.

Edwin Land a aussi inventé le film de cinéma instantané. Mais cette fois le succès ne sera pas au rendez-vous ! Nécessitant un écran de projection et ayant une durée maximale de trois minutes, ce nouveau produit ne pouvait rivaliser avec la cassette vidéo reliée à la télévision.

Le Premier Polaroïd

Le succès du Polaroid est immédiat, bien que les pellicules soient très chères. Il séduit le grand public, mais également le monde artistique et les photographes professionnels. En effet, le développement instantané offre à ces derniers la possibilité de vérifier éclairages et composition avant de prendre la photographie définitive avec un appareil classique. En 1963, la Land's Polaroid met sur le marché une pellicule photo instantanée en couleurs.

La concurrence du numérique

Mais la photographie instantanée est concurrencée sur son terrain par la photographie numérique. Non seulement il est possible de voir immédiatement le résultat d'une prise de vue sur un petit écran, mais de plus les clichés ratés sont éliminés sans crainte de gâcher de la pellicule !

Le premier appareil instantané est mis sur le marché par la Land's Polaroid en 1948. Son mode de fonctionnement, très simple, ne changera guère au cours des années. Après avoir pris la photographie, il suffit de tirer sur une languette pour extraire le support, enlever une pellicule de protection qui libère les réactifs chimiques, et regarder la photographie apparaître petit à petit.

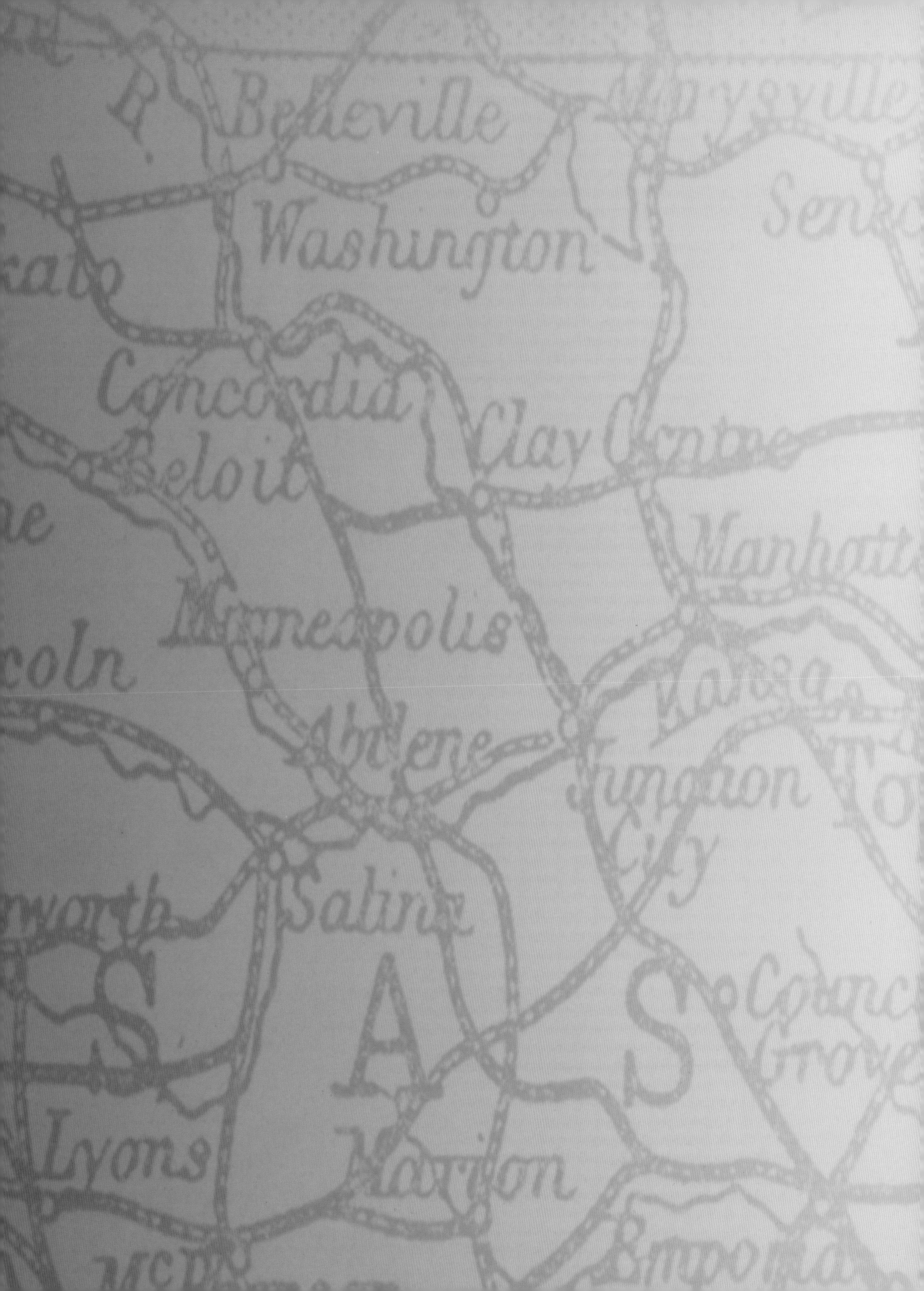

Belleville

Washington

Seneca

Maysville

Concordia

Clay Centre

Beloit

Manhattan

Lincoln

Minneapolis

Kansas

Abilene

Junction City

Salina

Wentworth

St. Council Grove

Lyons

Marion

McD

Brookhaven

La fée Électricité

Voici plus de 2 600 ans, les Grecs produisaient déjà
des étincelles en frottant de l'ambre. Mais il faudra
attendre le XVIIᵉ siècle pour que les scientifiques
s'intéressent de nouveau à ce mystérieux phénomène.
De découvertes en inventions, ce nouveau savoir allait
forger l'avenir et le devenir de l'homme. Que serions-
nous et que ferions-nous maintenant sans électricité ?

Le paratonnerre

*La peur de l'orage s'explique.
En France, une centaine de personnes
(plus de 1500 aux États-Unis) et quelque
20 000 animaux sont foudroyés chaque
année... sans compter les 17 000 incendies
provoqués par la foudre ! Heureusement
que Monsieur Benjamin Franklin
a inventé le paratonnerre !*

Cette gravure représente la fameuse expérience de Benjamin Franklin en train de faire voler son cerf-volant. Les historiens se disputent encore pour savoir s'il a été le premier à faire cette expérience où s'il a simplement reproduit ce qui avait déjà été fait par des scientifiques européens.

Savant, inventeur et diplomate

Benjamin Franklin (1706-1790), fils d'un vendeur de chandelles ayant 12 enfants, est de ces hommes hors du commun qui ont été tour à tour écrivain, journaliste, imprimeur, inventeur, philosophe et pour finir homme politique. Il est surtout connu pour ses travaux sur l'électricité, en particulier ceux sur la foudre, mais c'est également lui qui a signé avec l'Angleterre le traité de paix assurant l'indépendance des États-Unis.

Un inventeur chanceux

L'électricité statique est alors très à la mode. Dans les salons parisiens comme dans les villages, on fait des expériences produisant étincelles, coups de tonnerre et autres curiosités du même type. Franklin est fasciné par ces découvertes. Il en vient tout naturellement à s'intéresser à la foudre, qu'il rapproche, comme d'autres penseurs, des étincelles produites par l'électricité statique.

Bien que les paratonnerres protègent les bâtiments sur lesquels ils sont installés, ils ne sont pas à l'abri des dégâts causés par la foudre. La puissance de l'éclair et la chaleur dégagée peuvent faire fondre, ou tordre, ces pointes d'acier.

EURÊKA !

En 1752, Franklin imagine une expérience très simple pour prouver que la foudre de l'électricité statique. Un jour d'orage, il part ave fils et lance son cerf-volant qu'il fait voler aussi près que possible des nuages. Au bout de quelques minutes, des é se produisent au niveau de la clef accrochée à l'extrémité du cerf-volant. IL a capté, grâce à son installation rudime l'électricité statique des nuages !

Opposition au paratonnerre

De manière assez inattendue, l'installation de paratonnerre a parfois provoqué des scènes d'émeute. Cette méfiance, pour ne pas dire cette défiance, n'était pas toujours sans fondement. Nombre de paratonnerres étaient mal installés si bien qu'ils attiraient fort bien la foudre, mais sans être capables d'en dissiper correctement les effets. Ces malfaçons ont été à l'origine de nombreux accidents et incendies!

Des paratonnerres protègent les bâtiments publics partout dans le monde car la foudre tombe régulièrement sur ces grandes constructions. L'Empire State Building de New York, par exemple, est «foudroyé» plus d'une centaine de fois par an.

La foudre tombe plusieurs fois par année sur la Tour Eiffel à Paris. Rien d'étonnant à cela: c'est le plus haut monument de la capitale et il est entièrement construit en acier, un bon conducteur d'électricité!

Cerfs-volants électriques

La démonstration de Benjamin Franklin était limpide, mais la méthode utilisée, qu'il est fortement déconseillé de reproduire, était aussi très risquée: ils auraient pu, lui et son fils, se faire foudroyer. Un comble pour le futur inventeur du paratonnerre! Méandres de l'histoire, les spécialistes discutent encore pour savoir s'il convient effectivement de lui attribuer la paternité de cette expérience, car le physicien français Jacques de Romas (1713-1776) aurait utilisé la technique des cerfs-volants électriques avant Franklin.

Paratonnerre ou parafoudre

Dans la foulée de ses expériences, Benjamin Franklin imagine un dispositif pour attirer la foudre et, en 1760, il installe le premier paratonnerre sur le toit de la maison d'un marchand de Philadelphie. Ce dispositif est constitué d'une tige de fer pointu, placée sur le toit de la maison, et reliée par un gros câble conducteur à un pieu métallique enfoncé dans le sol. Ainsi, lorsque la foudre tombe sur le paratonnerre, l'électricité s'évacue dans la terre et épargne le bâtiment. Si l'on voulait être rigoureux le paratonnerre devrait s'appeler parafoudre car il est sensé nous protéger de la foudre et non des coups de tonnerre contre lesquels on ne peut rien!

La pile électrique

L'histoire de l'électricité bascule le jour où Luigi Galvani, un anatomiste italien, s'intéresse aux cuisses de grenouille et met en évidence un étrange phénomène... Ses travaux et ceux de son compatriote Volta feront progresser les connaissances, mais donneront aussi lieu à une violente controverse.

Luigi Galvani et Alessandro Volta

Luigi Galvani (1737-1798) occupe la chaire d'anatomie à l'université de Bologne. Depuis quelques années, il s'intéresse à l'électricité animale. Alessandro Volta (1745-1827) est professeur à l'université de Pavie. En 1791, il prend connaissance des expériences de Galvani et sa première réaction est enthousiaste. Mais, très vite, il met en doute les interprétations de son compatriote.

! EURÊKA ! Un jour de 1886, Galvani accroche une grenouille écorchée au balcon de son laboratoire, à l'aide un crochet en cuivre. Le vent se lève et la grenouille se balance. Chaque fois qu'une patte heurte un barreau en fer, elle se contracte. Galvani a la conviction que ce phénomène est dû à la présence d'une électricité animale dans le corps de la grenouille.

La première pile de d'Alessandro Volta est composée d'une superposition de lamelles de cuivre et de zinc, séparées par un morceau de tissu imprégné d'acide. Elle produit de l'électricité, mais Volta ne peut expliquer pourquoi elle se décharge progressivement ni à quoi sert l'acide !

Les piles reposant sur le principe imaginé par Volta sont appelées piles voltaïques. Elles sont également appelées piles galvaniques en hommage à Galvani et à la querelle qui a abouti à leur découverte.

Luigi Galvani et Alessandro Volta

Très vite Volta met en doute les interprétations de Galvani. Il ne croit pas à l'électricité animale. Pour lui, la contraction musculaire est provoquée par une décharge électrique générée entre les deux métaux, le fer et le cuivre. La réaction des « Galvanistes » ne se fait pas attendre et alimente la controverse…

Volta devint très célèbre après l'invention de sa pile. En 1801, il en fit une démonstration privée dans le cabinet de Bonaparte, qui le fera comte, avec une confortable pension. Il donna son nom à une unité de mesure électrique, le volt ou différence de potentiel.

Statu quo

La querelle prend fin avec l'arrivée des armées de Napoléon en Italie. Volta est honoré et Galvani, très antifrançais, sombre dans l'oubli. Au final, il avait tort et Volta avait interprété l'expérience correctement. Mais il avait aussi raison, car il existe bien chez les animaux des courants électriques qui sont à l'origine des contractions musculaires.

La première pile

Fort de son succès, Volta poursuit ses expériences sur les liens entre les métaux et l'électricité. En 1798, il fabrique sa première pile, le premier « organe électrique » comme il l'appelle. Satisfait de son œuvre, il en néglige les développements. Pour tout dire, il ne mesure pas vraiment l'importance de sa découverte et il se coupe peu à peu du monde scientifique.

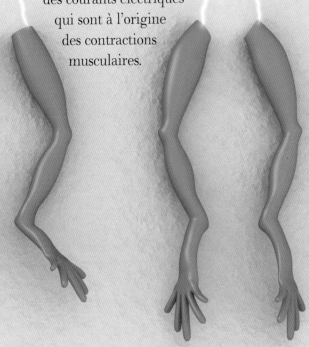

Chez les animaux vivants, de faibles courants électriques parcourent les nerfs et entraînent la contraction des muscles. Chez les animaux morts, ces courants électriques n'existent plus. L'interprétation de Galvani était donc inexacte.

Le téléphone

Nous avons tous appris que Graham Bell était l'inventeur du téléphone, mais les choses ont changé. Le 15 juin 2002, après une délibération exceptionnelle, le Congrès américain a décidé de réattribuer cette découverte à Antonio Meucci (1808-1889), injustement dépouillé de cette paternité depuis 150 ans !

Meucci a fabriqué de nombreux prototypes pour ces expériences. Celui-ci, en bois, date de 1858, soit huit ans avant le brevet de Bell.

Mais qui était Antonio Meucci ?

Né près de Florence, en Italie, dans une famille modeste, il se passionne dès son plus jeune âge pour les phénomènes électriques et suit des études d'ingénierie mécanique. En 1838, il embarque pour Cuba où il occupe un poste de technicien dans un théâtre. Il partage son temps entre la scène et le laboratoire où il mène ses expérimentations, ses «diableries», comme il dit.

❗ EURÊKA !

Parmi ces diableries figure un traitement antimigraine, consistant en électrochocs. Un jour, alors que Meucci se prépare à traiter un ami se trouvant dans la pièce voisine, il entend clairement sa voix par l'intermédiaire du fil de cuivre relié à la batterie. Ce phénomène le surprend, mais il en saisit tout de suite l'importance. Les années suivantes, il se consacre au perfectionnement de ce qui deviendra le téléphone.

Tout porte à croire que Bell (à droite) a copié l'invention de Meucci (à gauche). Cette invention a rendu Bell immensément riche, et il a pu engager les meilleurs avocats lorsque Meucci lui intenta un procès. Meucci perdra ce procès malgré les fraudes évidentes constatées dans cette affaire.

Les malheurs d'un inventeur

En 1873, Meucci envoie un prototype à la compagnie American District Telegraph et demande à faire une démonstration de son «télégraphe parlant». La réponse tarde... En 1875, on lui dit que l'appareil a disparu! En 1876, Bell dépose un brevet pour un appareil en tous points semblable et fonde la Bell Telephone Company. Dans le même temps, les Avis d'Intention de Meucci disparaissent mystérieusement du Bureau des Brevets. On saura plus tard que le personnel était aux ordres de la firme Bell. Le procès entre Meucci et la compagnie Bell dura des années et sera finalement ajourné en 1896, sept ans après la mort de l'inventeur italien.

L'appareil construit par Bell ressemble étrangement au téléphone de Meucci, ce qui laisse supposer qu'il s'en est inspiré! Pourtant Graham Bell était un vrai inventeur, qui se passionna et contribua au développement de nombreuses techniques.

L'Amérique, terre promise

En 1850, Meucci, qui a perfectionné son système, décide d'émigrer aux États-Unis pour le commercialiser. Mais il n'a pas d'argent et ne parle pas anglais! En 1954, alors que sa femme est à demi paralysée, il installe une liaison téléphonique entre sa maison et son atelier. Six ans plus tard, le dispositif est fonctionnel, et il organise une démonstration.

Mais, malgré les articles élogieux dans la presse, les investisseurs ne se manifestent pas. Meucci a beau vendre d'autres inventions, il ne réunit pas assez d'argent pour déposer un brevet.

L'ampoule à incandescence

L'ampoule à incandescence est l'une des inventions les plus universelles. Elle est utilisée partout dans le monde. Son format, à vis ou à baïonnette, est même resté inchangé depuis près d'un siècle !

La mise au point de l'ampoule électrique est plus longue que prévue, mais Edison ne se décourage pas : « Je n'ai pas échoué. J'ai simplement découvert 10 000 manières de le faire qui ne marchent pas ! ».

Thomas le cancre

Thomas Edison, né en 1847 dans l'État de l'Ohio aux États-Unis, est un véritable autodidacte : il n'a fréquenté l'école que quelques mois avant de se faire renvoyer. Les bases, il les apprendra de sa mère, institutrice, et le reste, il le lira dans les livres. Il se passionne pour la science et rêve constamment à de nouvelles expériences. Ce qui lui vaut à l'âge de 15 ans, alors qu'il vend des journaux, d'être licencié pour avoir provoqué l'incendie d'un wagon !

Irrésistible ascension

Les débuts sont difficiles. Edison devient opérateur des télégraphes tout en poursuivant le développement de ses inventions qui ne lui rapportent guère. En 1869, il s'installe à New York. Il perfectionne le télégraphe et gagne maintenant assez d'argent pour construire son premier laboratoire, à Menlo Park. Ses recherches s'orientent vers l'enregistrement et la transmission des sons, mais il ne sera pas assez rapide pour inventer le téléphone. Un peu vexé d'avoir été devancé, il se lance dans un nouveau grand projet : l'ampoule à incandescence.

! EURÊKA ! La mise au point de cette ampoule

sera le fruit d'un lent et laborieux travail de recherche. Le choix du bon type de filament a pris beaucoup de temps. Edison a testé près de 6 000 fibres végétales, du bambou au cèdre. En 1879, ayant déjà investi 40 000 dollars, il opte pour une fibre de coton carbonisé. Mais des progrès restent à faire, l'ampoule n'ayant qu'une durée de vie de

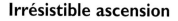

C'est dans le laboratoire de Menlo Park, dans le New Jersey, aux États-Unis, que Thomas Edison et son équipe d'ingénieurs ont développé la lampe à incandescence. Ce laboratoire est aujourd'hui transformé en musée.

Jusqu'à l'invention de l'ampoule à incandescence par thomas Edison, les seules ampoules disponibles éclairaient grâce à un arc électrique produit entre deux électrodes de carbone. Elles étaient assez puissantes pour éclairer des lieux publics, mais bien trop lumineuses pour être utilisées à la maison.

Inventeur, mais pas rêveur

Thomas Edison est un homme d'affaires avisé autant qu'un créatif, ce qui est rare chez les inventeurs. Peu de temps après son invention historique, par exemple, il installe un générateur de courant dans la ville de New York, ce qui lui permet de vendre ses ampoules… et l'électricité pour les faire fonctionner. Pour assurer une meilleure rentabilité de ses inventions, il en assure la fabrication et la commercialisation. En 1892, elles seront toutes regroupées au sein la General Electric, qui est toujours l'une des plus grandes entreprises au monde.

69

Le central téléphonique

Les premiers téléphones n'avaient ni touches, ni cadran. Pour téléphoner, l'utilisateur devait passer par une opératrice qui établissait la connexion avec le correspondant demandé. En 1889, Almon Strowger invente le central téléphonique automatique. L'invention de cet entrepreneur de pompes funèbres entraîna la disparition des opératrices, les fameuses « demoiselles du téléphone ».

! EURÊKA ! L'affaire de Strowger est prospère, mais apparemment moins que celle de son concurrent. Apprenant que la femme de ce dernier travaille au standard téléphonique de la ville, il imagine bien vite, à tort ou à raison, qu'elle détourne les appels qui lui sont destinés au profit de son époux! Pour mettre fin à ce supposé complot, il va construire et vendre le premier central téléphonique automatique!

Mais qui était Almon Strowger?

Almon Strowger (1839-1902) avait combattu pendant la guerre de Sécession (1861-1865), puis était devenu professeur avant d'ouvrir une entreprise de pompes funèbres à Kansas City.

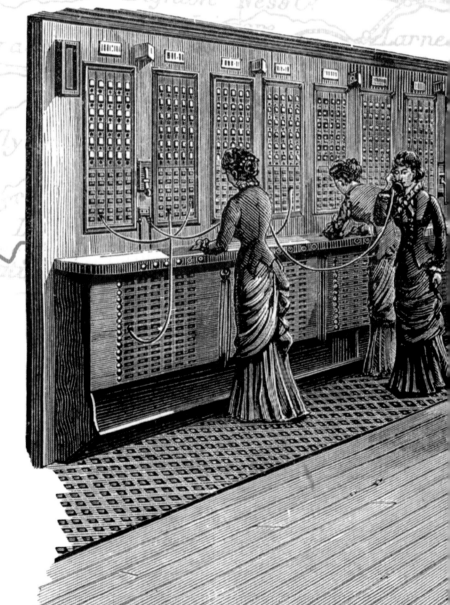

Un gadget coûteux

À cette époque, le téléphone est encore un gadget coûteux. Les abonnés sont peu nombreux (80 abonnés en France en 1879). De plus, le téléphone ne fonctionne que de jour : les opératrices ne travaillent pas la nuit !

Plusieurs millions de commutateurs électromécaniques, du même type que celui inventé par Strowger, furent installés dans le monde. Ils restèrent en fonction pendant plus de 70 ans. En France, le dernier central de ce type a fonctionné jusqu'en 1978 ! En revanche, le système de numérotation à trois touches de Strowger a été assez rapidement changé car il n'était pas assez fiable.

Tant que le nombre d'abonnés est resté limité, les centraux téléphoniques américains et leurs standardistes, des femmes pour travailler de jour et des hommes pour travailler de nuit, étaient parfaitement adaptés. Mais avec l'augmentation exponentielle du nombre de lignes, la situation serait devenue ingérable sans l'invention de Strowger. Son invention est arrivée alors que la qualité de service commençait à décliner : long temps d'attente pour obtenir une communication, erreurs de connexion...

Premier système à numéros

En 1891, Strowger dépose un brevet pour son commutateur et installe son premier appareil l'année suivante à LaPorte (Indiana). Dans ce système, le mouvement des balais, pièces nécessaires à l'établissement de la liaison, est commandé par des électroaimants. Strowger mit également au point un dispositif de numérotation à trois boutons permettant de transmettre le numéro demandé au central par l'intermédiaire du téléphone. Pour faire le « 215 », par exemple, il fallait actionner 2 fois le premier bouton, 1 fois le second et 5 fois le cinquième.

La radio

*Marconi n'a pas véritablement inventé la radio.
Il a repris les travaux de prédécesseurs (en particulier
ceux d'Oliver Lodge), et il a assemblé des appareillages mis
au point par d'autres. Mais au final, grâce à son audace
et à sa lucidité, il a réalisé ce qui allait devenir
l'une des inventions majeures du XIXe siècle.*

En 1901, Marconi se lance dans une ambitieuse entreprise : être le premier à établir une liaison radio entre les continents européen et américain. Ce projet est un vrai défi, sur le plan tant technique que financier, et a coûté la bagatelle de 50 000 francs, somme rondelette pour l'époque, entièrement payée par l'entreprise de Marconi. L'émetteur est installé à Poldhu en Cornouailles (sur la côte sud-ouest de la Grande-Bretagne) et le récepteur au Cap Cod, à Terre-Neuve

L'Amérique, terre promise

Guglielmo Marconi (1874-1937) est né de mère irlandaise dans une riche famille italienne. Sa scolarité 'est partagée entre Angleterre et Italie, entre collèges et précepteurs. Très jeune, il se passionne pour tout ce qui a trait aux sciences. Il montre de tels dons que ses parents l'encouragent dans cette voie. Il suit les conférences d'Augustus Righi, un ami de la famille, professeur de physique à l'université de Bologne. Dans son petit laboratoire, installé dans le grenier, il reproduit des expériences de physique.

Marconi a reçu le signal historique à Cap Cod (Terre-Neuve) , qui est l'endroit du Canada le plus proche de l'Europe. Le récepteur était installé dans un poste d'observation, en bordure de falaise pour faciliter la réception des ondes. Après quelques péripéties (antennes cassées par le vent), le 12 décembre à 12 h 30, les trois petits points de la lettre S, en signal morse, parviennent au Cap Cod.

L'inspirateur

Oliver Lodge (1851-1940) a déjà réussi à transmettre des signaux morses par ondes radio sur une distance de 150 m. Mais pour lui, ce n'est qu'un exercice de style et il ne poursuit pas son exploration. Marconi, par contre, en perçoit immédiatement toutes les potentialités et reprend les expériences, en perfectionnant le dispositif.

! EURÊKA ! En 1895 – il a à peine plus de 20 ans –, Marconi franchit un pas significatif. Ce bricoleur de génie réussit à transmettre un signal morse à près de 2 000 m de distance, malgré la présence d'une colline entre les postes émetteur et récepteur. Le système de transmission sans fil est né. Il va lui apporter gloire et prospérité.

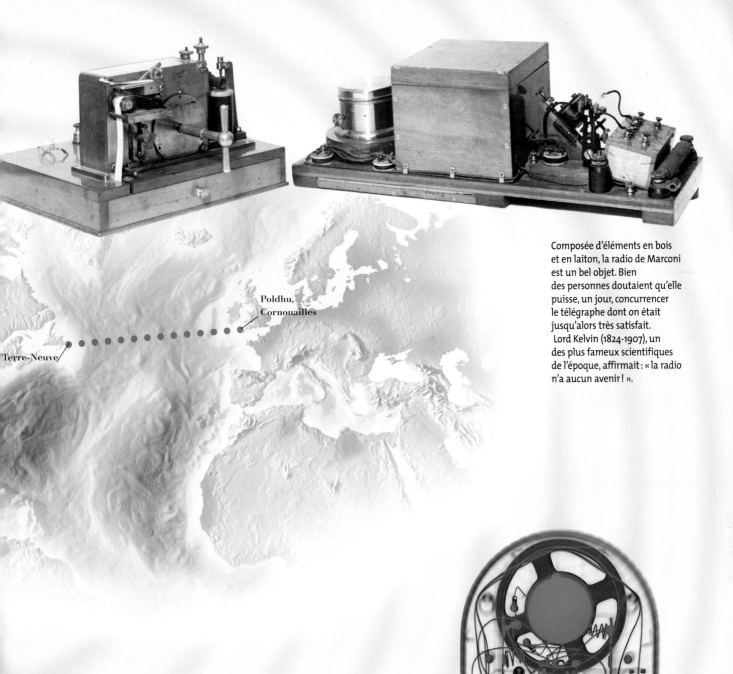

Composée d'éléments en bois
et en laiton, la radio de Marconi
est un bel objet. Bien
des personnes doutaient qu'elle
puisse, un jour, concurrencer
le télégraphe dont on était
jusqu'alors très satisfait.
Lord Kelvin (1824-1907), un
des plus fameux scientifiques
de l'époque, affirmait : « la radio
n'a aucun avenir ! ».

Poldhu,
Cornouailles

Terre-Neuve

Vers la gloire

Nul n'est prophète en son pays ! En 1896, lorsque Marconi
présente son invention au ministre des Postes et télégraphe
italien, il reçoit une fin de non-recevoir. Qu'à cela ne tienne,
il part pour Londres afin de promouvoir son invention.
Il y reçoit un accueil chaleureux et on l'écoute d'une oreille
attentive. Le brevet est rapidement déposé, au grand
désespoir de Lodge. Marconi organise des démonstrations
et le succès est immédiat ! Il fonde sa première entreprise, la
Wireless Telegraph & Signal Company. En 1898, il installe
ses premières stations en Grande-Bretagne. L'année
suivante, il réalise la première communication sans fil
internationale entre la France et la Grande-Bretagne.

Marconi a rendu possible la conception d'un grand nombre
d'appareils dont le principe de fonctionnement est basé sur
la transmission d'ondes électromagnétiques : le téléphone
portable, la télévision, les communications satellite...

La télévision

La télévision est un appareil complexe faisant intervenir diverses technologies. Entre les premiers balbutiements et les premières émissions télévisées, il s'est écoulé près d'un siècle. John Baird fut l'un de ses plus grands promoteurs. En 1930, il diffuse régulièrement, grâce aux antennes de la BBC, des émissions destinées à... 3 000 téléspectateurs médusés !

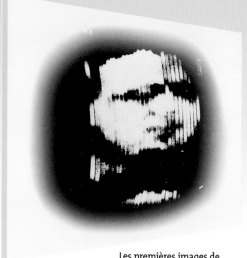

Les premières images de télévision étaient de bien piètre qualité. Elles étaient floues et leur résolution très faible (30 lignes seulement contre 600 actuellement). Des enregistrements de ces images ont été retrouvés et restaurés.

Inventeur et bricoleur précoce

John Baird (1888-1946) était encore tout jeune qu'il construisait et installait déjà des téléphones chez ses voisins. Qualifié d'enfant timide et lent par ses professeurs, il fera pourtant de brillantes études en génie électrique à l'université de Glasgow. Ambitieux mais un rien excentrique, il mettra son talent au service de sujets plutôt originaux comme la réalisation de diamants artificiels ou la fabrication de confiture aux fruits exotiques.

Après avoir fait des démonstrations dans un magasin près de chez lui, Baird investit le Musée des Sciences de Londres. Son principe sera ensuite officiellement adopté par la BBC comme moyen de transmission des images télévisées... jusqu'à l'avènement de la télévision électronique une dizaine d'années plus tard !

La préhistoire de la télévision

Avec l'arrivée du télégraphe et du téléphone, bien des inventeurs se penchent sur la possibilité de transmettre des images. Un premier pas est réalisé par Giovanni Caselli qui en 1862 transmet une image fixe de Paris à Amiens par télégraphie. En 1884, l'ingénieur allemand Paul Nipkow invente une astucieuse télévision mécanique (le disque Nipkow) capable de transmettre des images réelles. C'est ce procédé que va perfectionner et commercialiser Baird, près de 40 ans plus tard.

! EURÊKA ! La caméra et le récepteur de Baird ressemblent à des machines infernales dotées de lentilles, de moteurs, d'axes, de roues et de fils électriques. Le plus étonnant est qu'elles fonctionnent ! En 1924, il est le premier à transmettre l'image « reconnaissable » d'un visage.

Ceci est une télévision, celle inventée par Baird ! La grande roue sert à produire les images et l'écran (élément noir sur la photographie) avait une taille voisine de celle d'une carte de crédit. Toutefois, cette machine était simple et robuste, au point d'être vendue par correspondance et de pouvoir être montée par l'acheteur.

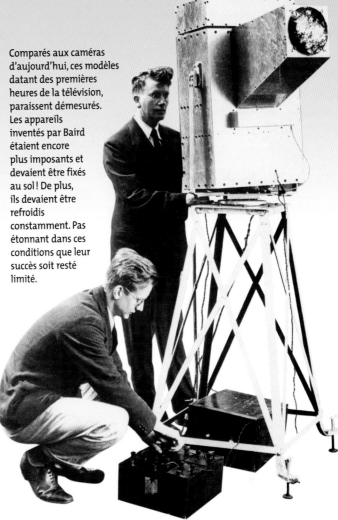

Comparés aux caméras d'aujourd'hui, ces modèles datant des premières heures de la télévision, paraissent démesurés. Les appareils inventés par Baird étaient encore plus imposants et devaient être fixés au sol ! De plus, ils devaient être refroidis constamment. Pas étonnant dans ces conditions que leur succès soit resté limité.

L'avenir sera électronique

Le procédé mécanique de télévision est voué à une mort certaine. Spectaculaire mais donnant des images de mauvaise qualité, il sera rangé au rayon des antiquités avec l'apparition du tube cathodique, inventé par Braun en 1897 et perfectionné par Zworykin en 1923. Quand Marconi réalise les premières transmissions radio, tous les éléments de base sont en place pour que la télévision prenne son essor. En 1935, des émissions de télévision, à partir de la tour Eiffel, peuvent être reçues dans un rayon de 50 km. En 1936, les jeux olympiques de Berlin sont retransmis à la télévision. Le premier reportage en direct, le couronnement du roi Georges VI, fut réalisé en Grande-Bretagne par la BBC en 1937.

Enfin, l'invention !

Toutes les inventions ne surgissent pas d'une soudaine inspiration. Au contraire, la plupart d'entre elles sont le fruit de la persévérance, le résultat d'un travail d'exploration lent et méthodique des solutions possibles à un problème. En vérité, bien peu d'inventeurs ont dû s'écrier « Eurêka ! » dans le capharnaüm de leur atelier ou devant la paillasse de leur laboratoire. Si un mot devait sortir de leur bouche en ce moment décisif, ce serait plutôt : « Enfin ! »

La lubrification automatique

« Je veux le vrai McCoy ! ». Rançon du succès pour Elijah McCoy, les acheteurs de machines à vapeur exigeaient que soit installé son système de lubrification automatique, le vrai, pas une copie. L'histoire d'Elijah McCoy est d'autant plus intéressante qu'elle figure rarement dans les ouvrages consacrés aux inventions. D'une manière générale, les inventeurs issus des minorités non-blanches et les femmes « inventeurs » sont souvent ignorés par les historiens...

Mais qui était Elijah McCoy ?

Elijah McCoy (1843-1929) est fils d'esclaves noirs fugitifs. Dès son plus jeune âge, il est fasciné par les machines et les outils. Après la guerre de Sécession, ses parents économisent pour l'envoyer étudier l'ingénierie mécanique à Édimbourg (Écosse). De retour aux États-Unis, il ne trouvera pas de poste d'ingénieur malgré son diplôme et est employé à l'entretien des locomotives. Cela ne l'empêchera pas de déposer près de 60 brevets, dont celui du graisseur automatique en 1872. Cette dernière invention lui permettra de fonder sa propre entreprise, lui apportant gloire et prospérité.

Le véritable graisseur de McCoy comporte une réserve d'huile et une valve sensible à la pression. Plus la pression est élevée et plus le dispositif libère de l'huile pour lubrifier la machine. Ce modèle a été conçu dix ans après le dépôt de brevet par Elijah McCoy.

Invention fondamentale

L'histoire du graisseur automatique est, a priori, moins passionnante pour le grand public que celle de l'avion ou de la photographie. Pourtant, cette invention a joué un rôle extrêmement important sur le plan économique.

Au XIXe siècle et au début du XXe, de nombreuses machines tirent leur énergie de la vapeur. Toutes sont composées d'un grand nombre de pièces mobiles qu'il faut huiler très régulièrement, et pour cela, les arrêter souvent. Les locomotives devaient également faire « le plein d'huile » dans les gares avant de pouvoir continuer leur trajet. Avec l'invention de Elijah McCoy, cette contrainte disparaît. Les machines sont arrêtées moins souvent, la lubrification automatique prenant soin des rouages en injectant l'huile nécessaire. Grâce à l'inventeur, le rendement des machines industrielles a largement augmenté et le temps des trajets ferroviaires a diminué d'autant.

Elijah McCoy travailla comme chauffeur de locomotive alors que les chemins de fer américains étaient en plein essor. Pendant ses heures de loisir, il mettait au point ses inventions. La première liaison Atlantique-Pacifique fut ouverte 3 ans avant son premier dépôt de brevet pour graisseur automatique.

L'enregistrement des sons

Quand Edison annonce qu'il est capable d'enregistrer la voix humaine sur des cylindres, ses paroles sont accueillies avec incrédulité. Certains crient même au canular. Reproduire et conserver la parole vivante avait quelque chose d'inconcevable ! Mais la curiosité l'emportera bien vite sur le scepticisme.

Principe de l'enregistrement

En 1877, Thomas Edison invente une machine pour enregistrer les sons. C'est un appareil mécanique extrêmement simple. Tellement simple qu'il aurait pu être construit plusieurs siècles auparavant et nous pourrions presque avoir des enregistrements «live» de Bach ou de Mozart! Pour l'enregistrement, il suffit de parler dans le cornet. Une membrane souple, comportant une aiguille, vibre en suivant le timbre de la voix et son mouvement est gravé sur une feuille d'étain placée sur un cylindre rotatif. Pour écouter le son, il faut replacer l'aiguille au début du cylindre, tourner la manivelle et écouter.

Le phonographe connaîtra quelques améliorations notables : un moteur électrique remplacera l'activation manuelle et la feuille d'étain sera remplacée par une cire plus résistante. Ces nouvelles machines ont surtout été utilisées comme dictaphones. Elles ont notamment permis de conserver quelques enregistrements ethniques (ici les paroles d'un Indien de la tribu des Pieds-Noirs).

Le premier phonographe était très rustique et nécessitait des réglages très précis pour produire des sons audibles.

Au début, le phonographe d'Edison ne sert qu'à enregistrer les voix. Il ne connaît qu'un succès d'estime et est considéré comme une sorte de jouet mécanique. Quelques années plus tard, alors que la machine est installée dans les bars ou les galeries marchandes, on commence à proposer des pièces musicales et des comédies. Mais l'intérêt s'essouffle vite devant la piètre qualité des enregistrements.

Concurrence

Les premiers phonographes comportaient de multiples défauts (temps d'enregistrement court, rotation manuelle du cylindre, usure rapide…), mais Edison a progressivement amélioré ses modèles (en ajoutant un moteur, en utilisant la cire au lieu de l'étain…). Leurs performances et leur facilité d'utilisation étaient toutefois intrinsèquement limitées. Berliner met ses disques et son gramophone sur le marché en 1888. Le phonographe et ses cylindres résisteront à cette concurrence jusqu'en 1929.

Inventeur et imprimeur allemand, Emile Berliner (1851-1929) émigre en 1870 aux États-Unis où il met au point le microphone. Breveté en 1877, cet appareil est destiné à améliorer le téléphone de Bell. Mais après l'invention du gramophone, le microphone sera indissociable de l'enregistrement des sons.

L'ère des disques

De multiples inventeurs et constructeurs perfectionnent ensuite les disques et le tourne-disque. En 1912, les disques à deux faces enregistrées sont généralisés. Les dimensions sont normalisées et la vitesse de rotation est fixée à 78 tours/minute. En 1944, ces normes vont changer car le Belge René Snepvangers et son équipe réalisent le premier microsillon, le premier « 33 tours ». Ce dernier sera détrôné par le « Compact Disk » de Sony et Philips, mis au point en 1979.

C'est le gramophone inventé par Berliner en 1887 qui va propulser l'industrie de l'enregistrement musical vers les sommets. Son appareil présente de nombreux avantages par rapport à celui d'Edison : l'enregistrement, réalisé en spirale sur un disque, est beaucoup plus long, les disques peuvent facilement être produits en grande série, la qualité du son est meilleure et la durée de vie du disque est plus longue.

L'enregistrement électrique des sons débute avec le Télégraphone du Danois Valdemar Poulsen en 1903. Cet appareil est basé sur le principe imaginé en 1888 par l'Anglais Oberlin Smith. Il transpose les sons en signaux magnétiques sur un fil métallique. Toutefois, l'impossibilité technique d'amplifier les faibles sons produits limite son utilisation.

À la veille de la Seconde Guerre Mondiale, deux progrès essentiels vont conduire à l'invention du magnétophone : la mise au point des lampes amplificatrices et de la bande magnétique, un support plastique recouvert d'oxyde de fer. Ce nouveau magnétophone sera commercialisé quelques années après la fin de la guerre. En 1961, la firme Philips met le magnétophone à cassettes sur le marché.

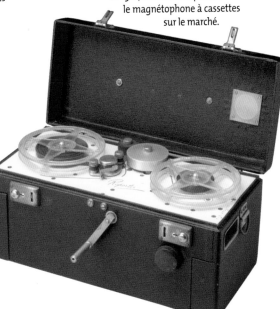

La bicyclette

La « petite reine » a été inventée il y a près
de deux siècles. Elle a beaucoup évolué depuis !
Sa forme moderne date de 1885 avec le succès
de la « Rover » de l'Anglais John Starley.

La Rover de Starley
était particulièrement
confortable et sûre,
comparée aux vélocipèdes
dont elle dérive. Elle
connut un immense succès
contrairement aux autres
modèles que Starley avait
construits avant.

Mais qui était John Starkey ?

Fils d'un jardinier londonien, John Kemp Starley
alla s'installer à Coventry à l'âge de 18 ans pour
travailler à la fabrique de machines à coudre de son
oncle. Quatre ans plus tard, ce même oncle se lança
dans la fabrication de tricycles. Après l'avoir secondé
quelque temps, John le quitta en 1877 pour voler
de ses propres ailes.

En 1816, Karl Drais von Sauerbronn (1785-1851)
invente la draisienne, constituée d'un cadre en bois
muni de deux cerclées de fer et d'un guidon pour
se diriger. Cette machine, qui connut un certain
succès, portera divers noms : hobby horse, dandy
horse, bicipède ou encore trottinette. Le 12 juin 1817,
Drais relie les villes de Mannheim et
de Schwetzingen, distantes de 12,5 km,
en une heure, alors que la malle-poste le fait
en quatre heures.

L'ère du grand bi

En 1839, l'Écossais Kirkpatrick Macmillan (1810-1878)
construit le premier vélocipède avec un système
de pédales et de leviers actionnant la roue arrière.
Ce système, peu pratique, ne fut jamais breveté et cette
contribution est souvent ignorée. En 1855, les Français
Pierre et Ernest Michaux inventent le pédalier. La
transmission par chaîne n'étant pas encore connue, ils le
fixent sur la roue avant des draisiennes. Modifiées pour
permettre un pédalage facile, celles-ci deviennent des
grands bis, reconnaissables à leur énorme roue avant et
leur petite roue arrière, et pesant 30 kg.

Le vélocipède de
Macmillan resta très
confidentiel, mais ce forgeron
écossais est connu pour avoir causé
le premier accident de circulation
ayant impliqué un vélo !

La Rover
ou la Rolls des bicyclettes

Plusieurs innovations technologiques essentielles
vont alors permettre la naissance bicyclette moderne:
l'apparition de tubes d'acier à la fois légers et solides,
l'invention du roulement à billes (1869)
et de la chaîne (1879).
John Kemp Starley (1854-1901) retient tous
ces éléments lorsqu'il conçoit sa «Rover Safety»,
ce que l'on pourrait traduire par «le vélo sans risques»!
C'est le premier vélocipède qui intègre des pédales
et une transmission par chaîne à la roue arrière.
Ce nouveau pédalier permet de revenir à des roues
de taille raisonnable et d'égal diamètre.
Il offre donc plus de confort, mais également
plus de sécurité. Le succès de la Rover fut immédiat.
Un dernier perfectionnement introduit en 1889
allait rendre l'engouement pour la Petite Reine
durable: les pneumatiques, inventés
par le chirurgien irlandais John Boyd Dunlop.

Une mystification célèbre

L'histoire de la petite reine a aussi ses canulars: en 1974,
on découvrit sur un manuscrit de Léonard de Vinci un
petit dessin représentant une sorte de vélo primitif! Mais
les analyses faites en 2002 sont formelles: le dessin date
de 1960 et serait l'œuvre d'un moine qui restaura le
manuscrit! On a aussi attribué à un certain comte de
Sivrac l'invention du premier vélocipède ou célérifère…
Or ni le Comte ni le célérifère n'ont existé!

C'est dans le domaine sportif que l'on constate les plus
grandes améliorations comme ce cadre en fibre de
carbone conçu en une seule pièce. La jante pleine à
l'arrière diminue les turbulences
et la résistance de l'air.

La roue avant des grands bis
pouvait atteindre 1,50 m
de diamètre. Ils étaient donc
particulièrement rapides, et des
courses étaient organisées. Mais
ils étaient aussi particulièrement
dangereux: les chutes étaient
spectaculaires.

La Rover de Starley fera l'objet de
perfectionnements techniques: les
pneumatiques en 1889, la roue libre
en 1896, les freins à câbles et patins en
1902, changement de vitesse en 1905.

Les jeux vidéo

*L'ère des jeux vidéo a commencé discrètement
à la fin des années 1950 quand les programmeurs
préparaient des divertissements pour leur usage
personnel. Que de chemin parcouru depuis !
Les jeux vidéo étaient confidentiels, ils sont
maintenant le moteur d'une industrie très dynamique !*

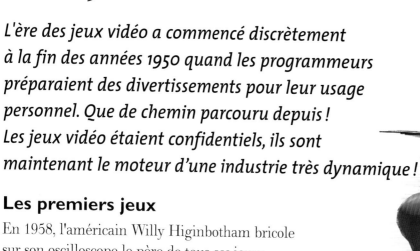

Les premiers jeux

En 1958, l'américain Willy Higinbotham bricole
sur son oscilloscope le père de tous ces jeux :
une simulation très simplifiée du tennis,
avec deux rectangles mobiles et une
balle carrée. Il ne songe même
pas à breveter sa
trouvaille. Quatre
ans plus tard,
Steve Russel crée
sur un DEC PDP-1 (le premier
mini-ordinateur) le jeu Spacewar, qui
peut être considéré comme le premier
véritable jeu vidéo. Il faudra encore attendre
presque 10 ans pour qu'apparaissent les jeux
destinés à un large public.

Dans l'antique SpaceWar, qui est devenu
une légende, les joueurs déplacent leur
vaisseau spatial sur l'écran et tirent
des missiles sur leurs
ennemis. Ce principe
de base indémodable
a été repris dans
un nombre
incalculable de
jeux récents ou
plus anciens.

Les jeux vidéo actuels ont un rendu graphique
très différent des premiers jeux, mais ils exigent
les mêmes qualités de la part du joueur : rapidité,
précision, réflexion, patience, sens tactique...

Le DEC PDP-1 est le premier mini-ordinateur. Fonctionnant encore avec des cartes perforées, il coûtait une petite fortune, mais il était révolutionnaire par sa petite taille. Autre innovation : il est doté d'un écran circulaire, immédiatement exploité pour les jeux !

Un succès sans précédent

En 1972, une nouvelle attraction vient modestement prendre place à côté du billard électrique dans les salles de jeu. Un écran de télévision, deux manettes, un jeu de raquette en noir et blanc et un titre : Pong. Malgré sa simplicité, Pong connaît un succès immédiat et foudroyant ! Encouragées par ce succès, plusieurs entreprises (Atari, Odyssey, Nintendo...) sortent des consoles personnelles et de nouveaux jeux. Peu après, les micro-ordinateurs font leur apparition et deviennent rapidement, eux aussi, des machines ludiques. Désormais, consoles et ordinateurs se partagent un marché florissant.

Les animations des premiers jeux étaient saccadées car les ordinateurs avaient une puissance de calcul limitée. Les consoles actuelles disposent de processeurs et de cartes graphiques très performants qui autorisent la création d'images très réalistes en 3D.

Le baladeur

Apparu en 1979, le baladeur (ou walkman) ne peut guère être associé à l'émergence d'une nouvelle technologie, car son boîtier ne contient rien de vraiment nouveau. Sa principale originalité tient à sa petite taille, qui permet de l'emporter partout. Répondant à une attente du public et simple à utiliser, il connaîtra un succès considérable.

Sony, leader de l'électronique

Masura Ibuka (1908-1997) est né à Tokyo. Après des études d'ingénieur, il fonde en 1946 une entreprise d'électronique qui deviendra le géant Sony. Avec son partenaire Akio Morita (1921-1999), ils seront de véritables pionniers dans la conception de magnétophones, de télévisions et de radios.

Un lancement express

Du fait de ses fonctions chez Sony, Masura Ibuka passe une bonne partie de sa vie en avion. Pendant les trajets, il s'ennuie lorsqu'il a fini de travailler. Il lui vient alors une idée : concevoir un appareil qui permettrait d'écouter ses musiques préférées n'importe où sans déranger ses voisins. Il demande à ses ingénieurs de se pencher sur le problème et moins de quatre jours plus tard, le premier prototype est posé sur son bureau !

Le lancement du baladeur a obligé les ingénieurs à travailler sur un autre problème de miniaturisation : celui du casque d'écoute. Jusqu'à présent, ces derniers étaient volumineux car destinés à être utilisés en intérieur. Il a donc fallu trouver de nouvelles formes, plus discrètes, adaptées à l'extérieur et aux déplacements. Le gros inconvénient du baladeur est que les utilisateurs ont fortement tendance à monter le son et que cette mauvaise habitude peut entraîner une surdité partielle.

Les baladeurs sont à peine plus grands que la cassette sur laquelle est enregistrée la musique. Cette prouesse a été obtenue en réduisant la taille de la carte électronique, dont les composants sont soudés sur les deux faces. Ce type de montage était réputé difficile en 1979, mais à présent n'importe quel fabricant de carte est capable de le faire.

Un succès mondial

Les premiers prototypes de baladeurs sont conçus à partir de magnétophones utilisés par les journalistes, auxquels les ingénieurs ont enlevé la fonction d'enregistrement. La qualité du son se révèle excellente. Décision est prise de commercialiser le produit dans les quatre mois; ce qui représente un vrai défi pour les ingénieurs et les responsables de la fabrication. Une clientèle jeune est ciblée par le service marketing et impose des prix très serrés. En juin, tout est prêt, les premiers baladeurs sont sur le marché. Le succès est immédiat et Sony vend tous les baladeurs que ses chaînes de montage sont capables de produire. En 1998, la firme japonaise avait vendu près de 250 millions de ces appareils.

Nouveaux baladeurs

Avec l'arrivée de nouveaux supports de stockage, comme le Compact Disk, le DVD, le succès du baladeur à cassette a nettement faibli. Il a d'abord été tout naturellement remplacé par le baladeur à CD. Dernier modèle en date, le baladeur équipé d'un disque dur comparable à celui des ordinateurs, du type de l'iPod d'Apple, il permet de stocker des milliers de morceaux de musique!

Les premiers magnétophones à cassette ont été produits au Japon en 1954. Un an plus tard, les ingénieurs japonais mettaient sur le marché le premier mini-transistor. Le dynamisme et la capacité d'innovation des entreprises électroniques japonaises n'ont jamais été démentis depuis.

Internet

L'histoire d'Internet a commencé au début des années 1960 par des réseaux privés au sein des entreprises. En 1969, ARPANET relie les universités. Il faudra attendre 1989 et la création du Web pour qu'Internet devienne un outil destiné au grand public.

Le Web a été créé par des chercheurs du CERN, des physiciens et des mathématiciens étudiant la structure intime des atomes et des particules.

Pères du net

Tim Berners Lee (1955-) est un programmeur britannique qui a étudié à l'université d'Oxford. Il a travaillé comme ingénieur logiciel au CERN (Centre Européen de Recherches Nucléaires) de Genève. Il est maintenant au MIT où il dirige le W3C (« World Wide Web Consortium »), un consortium chargé de mettre au point les standards du Web.

Mark Andreesen (1971-) est aussi un programmeur, mais originaire des États-Unis. Jeune, il réalise un logiciel qui faisait les devoirs de mathématiques à sa place. Plus tard, alors qu'il est étudiant au National Center for Supercomputing Applications, il conçoit le premier navigateur Web.

Le premier courrier électronique

Le courrier électronique est né avant le développement d'Internet et Ray Tomlison en est l'inventeur. Le premier « e-mail » a été envoyé en 1971 et son texte était « QWERTYUIOP », la première rangée de lettres du clavier qwerty. Ray Tomlison a défini les règles de l'adresse électronique, en particulier l'utilisation de l'arobase (un symbole d'origine obscure) entre le nom du destinataire et celui de son serveur. Jusqu'à la création du Web, le logiciel de courrier électronique est l'application la plus utilisée sur le réseau.

Internet est une formidable extension du réseau original ARPANET. On a coutume de dire que ce dernier a été conçu en pleine guerre froide pour protéger les communications en cas de guerre atomique. Ce n'est vrai qu'en partie ; même si les militaires ont été présents dans cette histoire, les premières applications d'ARPANET seront purement civiles.

Pages web

L'hypertexte est un texte dans lequel
un mot ou une phrase contenus dans une
page renvoie le lecteur à une autre page.
En 1976, Tim Berners Lee a l'idée d'utiliser
cette technique pour organiser les informations.
En 1989, il réalise que ce système pourrait être
utilisé conjointement avec Internet pour mettre les
informations à la disponibilité de tous les chercheurs.
Il imagine un nouveau langage de programmation
(le HyperText Markup Langage ou html) pour coder et
afficher les pages d'hypertexte, les pages web.

Navigation

En 1993, MarkAndreessen décide
d'adapter le programme de Lee sur
ordinateurs personnels. Ce logiciel,
le premier navigateur Internet
grand public, s'appellera Mozaic
et sera produit pour les
environnements Linux,
Window et MacOS. Il
permettra de visualiser
les images associées à
une page web.

Chronologie des inventions

DATES	INVENTEUR	PAYS	INVENTION
*285-211 AV J.C	Archimède	Grèce	Étude des fluides, principe d'Archimède p. 8
1564-1642	Galilée	Italie	Pendule, mouvements célestes p. 12
*Né en 1570	Hans Lippershey	Pays-Bas	Longue-vue p. 54
1642-1727	Isaac Newton	Grande-Bretagne	Théorie de la gravité, calcul différentiel, pp. 14, 55
1706-1790	Benjamin Franklin	États-Unis	Paratonnerre p. 62
1737-1798	Luigi Galvani	Italie	Pile électrique, électricité animale p. 64
1740-1810	Joseph Montgolfier	France	Montgolfière p. 42
1745-1799	Jacques Montgolfier	France	Montgolfière p. 42
1745-1827	Alessandro Volta	Italie	Pile électrique p. 64
1749–1823	Edward Jenner	Grande-Bretagne	Vaccination p. 18
1765–1825	Eli Whitney	États-Unis	Égreneuse de coton p. 16
1765–1833	Nicéphore Niepce	France	Photographie p. 56
1787–1851	Louis Daguerre	France	Photographie, daguerréotype p. 56
1803-1865	Joseph Paxton	Grande-Bretagne	Constructions préfabriquées p. 20
1808-1896	Antonio Meucci	Italie/États-Unis	Téléphone p. 66
1811-1861	Elisha Otis	États-Unis	Ascenseur p. 44
1837-1919	Richard Smith	Australie	Charrue à soc pivotant p. 46
1839-1902	Almon Strowger	États-Unis	Central téléphonique p. 70
1843-1929	Elijah McCoy	États-Unis	Lubrification automatique p. 78
1847-1931	Thomas Edison	États-Unis	Ampoule électrique à incandescence pp. 68, 80
1851-1929	Emile Berliner	Allemagne/États-Unis	Gramophone, microphone p. 81
1854-1901	John Kemp Starley	Grande-Bretagne	Bicyclette p. 82

860-1951	Will Keith Kellogg	États-Unis	Corn-flakes p. 22
867-1912	Wilbur Wright	États-Unis	Avion p. 48
869-1942	Valdemar Poulsen	Danemark	Enregistrement magnétique p. 81
871-1948	Orville Wright	États-Unis	p. Avion p. 48
871-1955	Hubert Cecil Booth	Grande-Bretagne	Aspirateur électrique p. 24
874-1937	Guglielmo Marconi	Italie	radio p. 72
1881-1955	Alexander Fleming	Grande-Bretagne	Pénicilline p. 28
1886-1956	Clarence Birdseye	États-Unis	Surgelés p. 26
1888-1946	John Logie Baird	Grande-Bretagne	Télévision p. 74
1894-1970	Percy Lebaron Spencer	États-Unis	Four à micro-ondes p. 34
1896-1937	Wallace Carothers	États-Unis	Nylon p. 30
1898-1968	Howard Florey	Australie	Pénicilline p. 28
1904-1996	Julian Hill	États-Unis	Nylon p. 30
1906-1979	Ernst Chain	Germany/Britain	Pénicilline p. 28
1908-1997	Masura Ibuka	Japon	Baladeur numérique p. 86
1909-1991	Edwin Land	États-Unis	Photographie instantanée p. 58
1910-1994	Roy Plunkett	États-Unis	Teflon p. 32
1910-1999	Christopher Cockerell	Grande-Bretagne	Aéroglisseur p. 50
1921-1999	Akio Morita	Japon	baladeur numérique p. 86
né en 1937	Stephen Russell	États-Unis	Jeux vidéo p. 84
né en 1949	Paul Nurse	Grande-Bretagne	Gène du cancer p. 38
né en 1950	Alec Jeffreys	Grande-Bretagne	Empreintes génétiques p. 36
né en 1955	Tim Berners Lee	Grande-Bretagne	Internet p. 88
né en 1971	Mark Andreesen	États-Unis	Navigateur Internet p. 88

* Dates incertaines

Glossaire

AMBRE
Résine fossilisée de couleur jaune et transparente. Elle renferme parfois des insectes ayant vécu il y a plusieurs millions d'années.

ANTISEPTIQUE
Substance ou capacité à détruire des germes pathogènes.

ATMOSPHÈRE
Enveloppe gazeuse qui entoure certaines planètes, dont la nôtre.

ATOMES
Éléments de base dont la matière (solide, liquide ou gazeuse) est formée.

BACTÉRIE
Être vivant microscopique pouvant provoquer des maladies chez les animaux et les végétaux.

BREVET
Système de protection qui identifie l'auteur d'une invention et le protège contre les copies illicites.

CARTE ÉLECTRONIQUE
Plaque de matière plastique sur laquelle sont soudés des composants électroniques (transistors, diodes, condensateurs…).

DÉFENSES IMMUNITAIRES
Ensemble des mécanismes biologiques qui permettent à un organisme de se défendre contre les infections.

ÉLECTROAIMANT
Dispositif générant un champ magnétique lorsqu'il est parcouru par un courant électrique.

ENGRENAGE
Système composé de roues dentées, utilisé pour transmettre un mouvement d'une partie mécanique à une autre.

ESCLAVAGE
Système dans lequel des personnes captives, privées de tout bien et de tout droit, sont exploitées selon le bon vouloir de leur « propriétaire ». L'esclavage est encore pratiqué dans certains pays, y compris de manière marginale dans les pays développés.

FILAMENT
Fin cylindre de métal utilisé pour produire de la lumière dans les lampes à incandescence.

GÈNE
Information élémentaire codée par une portion de la molécule d'ADN composant les chromosomes. Les gènes renferment des informations indispensables pour le développement d'un organisme vivant.

GÉNÉRATEUR
Dispositif destiné à produire de l'électricité (exemple : batterie, pile…).

IODE
Substance antiseptique à faible dose et hautement toxique à forte dose. Jadis utilisée pour révéler les films photographiques.

LEVURE
Être vivant extrêmement simple, constitué d'une seule cellule. Utilisée dans les processus de fermentation.

MAGNÉTRON
Appareil électronique produisant des micro-ondes électromagnétiques.

Élément central des radars et des fours à micro-ondes.

MASSE
Quantité de matière contenue dans un corps. À force gravitationnelle égale, un corps plus massif aura un poids plus important.

MATIÈRES PLASTIQUES
Matières composées de grosses molécules, dérivées du pétrole pour la plupart.

MERCURE
Métal argenté liquide à température ambiante.

MIGRAINE
Mal de tête intense, parfois précédé de troubles visuels (aura migraineuse).

MOISISSURE
Colonie de champignons microscopiques qui se développe sur les tissus animaux ou végétaux.

MORSE
Code de communication composé par une succession de courts et de longs signaux électriques.

NAVIGATEUR
Logiciel permettant de visualiser les pages (comportant du texte, des images, des sons et des vidéos) diffusées sur Internet.

ONDES RADIO
Spectre d'ondes électromagnétiques utilisées pour la transmission de signaux.

OXYDE DE FER
Substance de couleur rougeâtre appelée
couramment « rouille ». Provient de
l'oxydation du fer par l'oxygène.

POLYMÈRE
Grosse molécule composée par un
assemblage de molécules identiques
plus petites.

POULS
Pulsation cardiaque perceptible
sur les grosses artères (au niveau du cou
ou du poignet par exemple).

PRIX NOBEL
Prestigieux prix scientifique créé
par Alfred Nobel. Il récompense les
spécialistes de nombreux domaines sauf
ceux des mathématiques.

**RAYONNEMENT
ÉLECTROMAGNÉTIQUE**
Ondes telles que la lumière,
les micro-ondes ou les rayons X.

SANATORIUM
Sorte d'hôpital où séjournent
les patients en cours de guérison.

SERRE
Construction faite généralement
de métal et de verre,
utilisée pour faciliter la croissance
des plantes

SOIE
Tissu réalisé à partir des fils sécrétés
par la chenille du bombyx
pour tisser son cocon.

TECHNOLOGIE
Application pratique de principes
scientifiques.

TRANSMETTEUR
Machine permettant d'envoyer
des signaux.

TUMEUR
Prolifération anormale de cellules.

VACCIN
Traitement particulier permettant
de prévenir la survenue d'une maladie.

VAPEUR
Liquide composé de gouttelettes si fines
qu'il se comporte comme un gaz
(exemple : les nuages).

VARIOLE
Maladie mortelle et facilement
transmissible, pouvant laisser des
cicatrices chez les personnes infectées.

VARIOLE DE LA VACHE
Maladie de la vache qui provoque
chez l'homme une forme atténuée
de la variole humaine.

VÉGÉTARIEN
Personne qui ne consomme que des
aliments végétaux et ne mange pas de
viande.

VERS À SOIE
Chenilles du papillon bombyx

Index

Crédits photographiques

Légende : B = bas, C = centre, D = droit, G = gauche, H = haut

5HD Cancer Research (UK) ; 8HC Popperfoto ; 9CC Bettmann/Corbis ; 9HC Bettmann/Corbis ; 9DC Sony Corporation ; 12CG Science Museum/Science & Society library ; 12HD Science Museum/Science & Society Library ; 13BD Digitalvision Limit ; 14BG Getty Images/World Perspectives ; 14HD Crown Copyright/Brogdale Horticultural Trust ; 15BGC Courtesy of Chip Simon ; 16CGC Bettmann/Corbis ; 16BC Bettmann/Corbis ; 17BGC Richard Hamilton Smith/Corbis ; 18HDC Hulton Deutsch Collection/Corbis ; 18BGC Bettmann/Corbis ; 19HD BSIP, Villareal/Science Photo Library ; 19BG Roger Harris/Science Photo Library ; 20-21B Courtesy o Richard Platt ; 20CG Science Museum, London/Heritage-Images ; 20HC Courtesy of Richard Platt ; 21CDC Paul Almasy/Corbis ; 22BD The Advertising Archive ; 24HD Getty Images ; 24BG Science Museum/Science & Society Picture Library ; 25HD Science Museum/Science & Society Picture Library ; 25BC Dyson Graphics. 27B Rosenfeld Images Ltd/Science Photo Library ; 27HD BSIP Bernard/Science Photo Library ; 27C Electric Corp./National Geographic Image Collection ; 28CG Hulton-Deutsch Collection/Corbis ; 28C Science Photo Library ; 28HDC Science Pictures Limited/Corbis ; 28BDC Bettmann/Corbis ; 30HD Courtesy of Du Pont ; 31BG Courtesy of Du Pont ; 31HDC Hulton-Deutsch Collection/Corbis ; 32C Dr. Jeremy Burgess/Science Photo Library ; 32CG Courtesy of Du Pont ; 32B NASA/Science Photo Library ; 33HD Courtesy of the Hagley Museum and Library ; 34HG Raytheon Company Photo ; 34BC © Bettmann/Corbis ; 35BC Raytheon Company Photo ; 36CG David Parker/Science Photo Library ; 36HD J. C. Revy/Science Photo Library ; 37C Tek Image/Science Photo Library ; 37BDC Corbis Sygma ; 38B Dr Gopal Murti/Science Photo Library ; 39HG Alfred Pasieka/Science Photo Library ; 39CD Philippe Plailly/Eurelios/Science Photo Library ; 39BC Roger Ressmeyer/Corbis ; 42HC © Duomo/Corbis ; 42CG Mary Evans Picture Library ; 42CB Mary Evans Picture Library ; 42C Sheila Terry/Science Photo Library ; 42-43C © Royalty-free/Corbis ; 43HC, HD, CD Vince Streano/Corbis ; 43BC Popperfoto ; 43HDC Corbis ; 44CGC Bettmann/Corbis ; 44-45C Science Photo Library ; 45HDC David Lees/Corbis ; 46HD Courtesy of Mortlock Library of South Australia ; 47BDC Beryl E. Neumann, for the National Trust of Australia/The Smith Brothers and the Stump Jump Plough ; 47HDC Beryl E. Neumann, for the National Trust of Australia/The Smith Brothers and the Stump Jump Plough ; 48-49BG Bettmann/Corbis ; 48CGC Bettmann/Corbis ; 50BGC Hulton-Deutsch Collection/Corbis ; 50HDC Hovercraft Museum Trust ; 51BDC Bettmann/Corbis ; 51C © Hovercraft Museum Trust ; 54CGC Bettmann/Corbis ; 54HD Science Photo Library ; 55BC Roger Ressmeyer/Corbis ; 55CDC Roger Ressmeyer/Corbis ; 56HD Science Museum/Science & Society Photo Library ; 56CG Mary Evans Picture Library ; 56-57BC Harry Ransom Humanities Research Centre, The University of Texas at Austin ; 57HD Courtesy of Richard Platt. 57C Science Museum/Science & Society Photo Library/Daguerre ; 58BG Robert Harding Picture Library/USA - Boston Massachusetts, The Polaroid Factory ; 58HD Science Museum/Science & Society Photo Library ; 59CG Popperfoto ; 59BD Polaroid Corporation ; 59HD National Museum of Photography, Film & TV/Science & Society Picture Library ; 62CD Mary Evans Picture Library ; 62CG Library of Congress/Science Photo Library ; 62BG Science Museum/Science & Society Photo Library ; 63HD Jean-Loup Charmet/Science Photo Library ; 64BG Courtesy of Richard Platt ; 64HD Courtesy of Richard Platt ; 65HD Mary Evans Picture Library ; 66CG (head only) Science Photo Library ; 67HD Courtesy Garibaldi-Meucci Museum, Staten Island, NY ; 66-67BG, BD Mary Evans Picture Library ; 66HD J-L Charmet/Science Photo Library ; 67 (head only) Mary Evans Picture Library ; 68CG Science Museum/Science & Society Photo Library ; 68HD Science Museum/Science & Society Photo Library ; 69CD From the collections of Henry Ford Museum & Greenfield Village ; 70BG, 71 BD Science Photo Library ; 70-71B Courtesy of Richard Platt ; 71HD Science Museum/Science & Society Photo Library ; 72C Nik Wheeler/Corbis ; 72BD Bettmann/Corbis ; 73BD D Roberts/Science Photo Library ; 73HC Bettmann/Corbis ; 74BGC Bettmann/Corbis ; 74BGC Bettmann/Corbis ; 74HD Science Museum/Science & Society Picture Library ; 75HD Mary Evans Picture Library ; 75BG Musée de Radio-France, Paris, France/Bridgeman Art Library ; 78CG Courtesy of State Archives of Michigan ; 78C From the collections of Henry Ford Museum & Greenfield Village Research Centre ; 78-79 Minnesota Historical Society/Corbis ; 80BG Science Museum, London, UK/Bridgeman Art Library ; 80HD Corbis ; 80BD Science Museum/Science & Society Picture Library ; 81HDC Hulton-Deutsch Collection/Corbis ; 81BG Science Museum/Science & Society Picture Library ; 81BC Science Museum/Science & Society Picture Library ; 81BD Science Museum/Science & Society Picture Library ; 82HD Mary Evans Picture Library ; 83CD Mary Evans Picture Library ; 85BD Sony Computer Entertainment Europe/Sony Playstation® ; 85HDC 2000 by Maury Markowitz, www.sympatico.ca ; 86CG Sony Corporation ; 86C © James A. Sugar/Corbis ; 87BDC Bettmann/Corbis ; 88C www.geocities.com/Heartland/valley.htm ; 88C Henry Horenstein/Corbis ; 88BGC © Telehouse ; 88HD Charles E. Rotkin/Corbis.

Couverture

Plat 1 : en haut de gauche à droite © SSPL/Cosmos ; © VVG/SPL/Cosmos ; © Duomo/Corbis ; © D. Roberts/SPL/Cosmos ; en bas à gauche : © Mary Evans/Keystone ; en bas à droite : © AFP/P. Huguen-STF. *Dos* : en haut © Archives Larbor/NASA ; au milieu © SSPL/Cosmos. *Plat 4* : © SSPL/Cosmos.

L'éditeur remercie les auteurs des illustrations :
Mark Bristow 2-3, 12-13C, 21HD, 29BG, 30C, 44BG, 44-45C, 46BG, 54BD, 55HD, 62-63C, 82-83BC, 87HD, 86-87C ; Mike Buckley 36-37C ; Tom Connell 14-15D, 22-23C, 34-35HG ; Richard Platt 17HD, 46BD, 48HD ; Jurgen Ziewe 8-9C, 26BG, 64-65C, 68-69C, 84-85C

L'auteur, Richard Platt, souhaite remercier :
John Gustafson ; Norman Krim, Raytheon Archives ; Lori Lohmeyer, Nation's Restaurant News ; Paul Stevenson, Stockton Reference Library ; Ross Macmillan and Hugh Turral, Agricultural Engineering, University of Melbourne ; Marilyn Ward, Royal Agricultural and Horticultural Society of South Australia

L'éditeur remercie les photographes pour leur participation à cet ouvrage. Rien n'a été négligé pour retrouver les propriétaires des copyrights. L'éditeur présente ses excuses pour les désagréments éventuels que pourrait entraîner une omission.